How NOT to KILL your Houseplant

観葉植物を
枯らさないための本

# How NOT to KILL your Houseplant
# 観葉植物を枯らさないための本

［著］ヴェロニカ・ピアレス
［監修］深町 貴子
［翻訳］堀口 容子

g

# CONTENTS

## THE BASICS
## 鉢植え栽培の基本のき ——— 12

植物を買う……14
植物を植える・置き場所を選ぶ……16
水やり……18
肥料をやる、手入れをする……20
植え替え……22
植物につく害虫……24
植物の病気……28

## THE HOUSEPLANTS
## 観葉植物 ——— 31

観葉植物の世話のしかたと困った時の対処法

### シチュエーション別おすすめの観葉植物ベスト5
職場におすすめの植物ベスト5……46
日当たりのいい部屋でよく育つ植物ベスト5……66
明るいバスルームに向く植物ベスト5……86
日陰で育つおすすめの植物ベスト5……106
リビングルームにおすすめの植物ベスト5……126

INDEX……140

# FIND YOUR PLANT

p. 32-33
**URN PLANT**
*Aechmea fasciata*
シマサンゴアナナス

p. 33
**FLAMING SWORD**
*Vriesea splendens*
トラフアナナス

p. 33
**GUZMANIA**
*Guzmania lingulata*
グズマニア

p.34-35
**LIPSTICK PLANT**
*Aeschynanthus pulcher*
エスキナンサス

p.35
**FISHBONE CACTUS**
*Disocactus anguliger*
フィッシュボーンカクタス

p.36-37
**ELEPHANT'S EAR**
*Alocasia x amazonica*
アロカシア

p.38-39
**ALOE VERA**
*Aloe vera*
アロエベラ

p.39
**AGAVE**
*Agave*
アガベ

p.39
**HAWORTHIA**
*Haworthia*
ハオルチア

p.40-41
**FLAMINGO FLOWER**
*Anthurium*
アンスリウム

p.42-43
**FOXTAIL FERN**
*Asparagus densiflorus*
'Myersii'
アスパラガス・メイリー

p.43
**ASPARAGUS FERN**
*Asparagus setaceus*
アスパラガス・プルモーサス

p.44-45
**EMERALD FERN**
*Asparagus densiflorus*
Sprengeri Group.
アスパラガス・スプレンゲリ

p.44-45
**POLKA-DOT BEGONIA**
*Begonia maculata*
ベゴニア・マクラータ

p.45
**ELIATOR HYBRIDS**
*Begonia* Eliator Group
エラチオールベゴニア

p.45
**PAINTED-LEAF BEGONIA**
*Begonia rex*
レックスベゴニア

p.48-49
**QUEEN'S TEARS**
*Billbergia nutans*
ビルベルギア・ヌタンス

p.49
**PINK QUILL**
*Tillandsia cyanea*
チランジア・キアネア

p.49
**BLUSHING BROMELIAD**
"*Neoregelia carolinae*
f. tricolor"
ネオレゲリア

p.50·51
PEACOCK PLANT
*Calathea*
カラテア・マコヤナ

p.53
POTHOS
*Epipremnum*
ポトス

p.57
STRING OF BEADS
*Senecio rowleyanus*
グリーンネックレス

p.60·61
FLORISTS' CYCLAMEN
*Cyclamen persicum*
シクラメン

p.51
PRAYER PLANT
*Maranta*
マランタ

p.53
GRAPE IVY
*Cissus rhombifolia*
グレープアイビー

p.57
HEARTS ON A STRING
*Ceropegia woodii*
ハートカズラ

p.61
INDOOR AZALEA
*Rhododendron simsii*
アザレア

p.51
STROMANTHE
*Stromanthe*
ストロマンテ・サンギネア

p.54·55
NATAL LILY
*Clivia miniata*
クンシラン

p.58·59
NEVER-NEVER PLANT
*Ctenanthe burle-marxii*
クテナンテ・
ブルーレマルクシー

p.62·63
DIEFFENBACHIA
*Dieffenbachia seguine*
ディフェンバキア

p.52·53
CURLY SPIDER PLANT
*Chlorophytum comosum*
'Bonnie'
オリヅルラン

p.56·57
MONEY PLANT
*Crassula ovata*
クラッスラ

p.59
CROTON
*Codiaeum variegatum*
クロトンノキ

p.63
ARROWHEAD PLANT
*Syngonium podophyllum*
シンゴニウム

p.63
SHAMROCK PLANT
*Oxalis triangularis*
オキザリス

p.68-69
DRACAENA COMPACTA
*Dracaena fragrans*
ニオイセンネンボク

p.72-73
HEN & CHICKS
*Echeveria*
エケベリア

p.76-77
FIDDLE-LEAF FIG
*Ficus lyrata*
カシワバゴムノキ

p.64-65
VENUS
FLY TRAP
*Dionaea muscipula*
ハエトリグサ

p.69
DRACAENA MARGINATA
*Dracaena marginata*
ドラセナ・コンシンネ

p.73
AEONIUM
*Aeonium*
アエオニウム

p.77
WEEPING FIG
*Ficus benjamina*
ベンジャミン

p.65
PITCHER PLANT
*Sarracenia*
サラセニア

p.69
SONG OF INDIA
*Dracaena reflexa*
ドラセナ・レフレクサ

p.73
TIGER'S JAW
*Faucaria*
フォーカリア

p.77
RUBBER PLANT
*Ficus elastica*
インドゴムノキ

p.65
MONKEY CUPS
*Nepenthes*
ウツボカズラ

p.70-71
LUCKY BAMBOO
*Dracaena sanderiana*
ギンヨウセンネンボク

p.74-75
POINSETTIA
*Euphorbia pulcherrima*
ポインセチア

p.78-79
NERVE PLANT
*Fittonia*
フィットニア

p.94-95
SENSITIVE PLANT
*Mimosa pudica*
オジギソウ

p.98-99
BUNNY EARS CACTUS
*Opuntia microdasys*
ウチワサボテン

p.101
CREEPING BUTTONS
*Peperomia rotundifolia*
ペペロミア・
ロツンディフォリア

p.108-109
IMPERIAL
RED PHILDENDRON
*Philodendron*
'Imperial Red'
フィロデンドロン

p.96-97
SWISS CHEESE PLANT
*Monstera deliciosa*
モンステラ

p.99
MONK'S HOOD
*Astrophytum ornatum*
玉サボテン

p.101
RAINDROPEPEROMIA
*Peperomia polybotrya*
ペペロミア・ジェイド

p.109
HEART-LEAF
PHILDENDRON
*Philodendron scandens*
オキシカルジウム

p.97
XANADU PHILODENDRON
*Thaumatophyllum xanadu*
クッカバラ

p.99
CROWN CACTUS
*Rebutia*
レブチア

p.102-103
MOTH ORCHID
*Phalaenopsis*
ファレノプシス

p.109
BLUSHING PHILODENDRON
*Philodendron erubescens*
フィロデンドロン・
エルベセンス

p.97
SWISS CHEESE VINE
*Monstera adansonii*
マドカズラ

p.100-101
WATERMELON PEPEROMIA
*Peperomia argyreia*
ペペロミア・アルギレイア

p.104-105
BLUE STAR FERN
*Phlebodium aureum*
シダ・ブルースター

p.110-111
MISSIONARY PLANT
*Pilea peperomioides*
ピレア・ペペロミオイデス

p.111
FRIENDSHIP PLANT
*CalatheaPilea involucrata*
'Moon Valley'
ピレア・ムーンバレー

p.114-115
AFRICAN VIOLET
*Saintpaulia*
セントポーリア

p.118-119
FOOTSTOOL PALM
*Saribus rotundifolius*
ビロウヤシ

p.121
ZEBRA PLANT
*Aphelandra squarrosa*
アフェンドラ

p.111
ALUMINUM PLANT
*Pilea cadierei*
アルミニウムプランツ

p.116-117
SNAKE PLANT
*Sansevieria trifasciata*
サンセベリア

p.119
FISH-TAIL PALM
*Caryota mitis*
クジャクヤシ

p.122-123
CHRISTMAS CACTUS
*chlumbergera buckleyi*
クリスマスカクタス

p.112-113
ELKHORN FERN
*Platycerium bifurcatum*
ビカクシダ

p.117
AFRICAN SPEAR
*Sansevieria cylindrica*
サンセベリア・キリンドリカ

p.119
PYGMY DATE PALM
*Phoenix roebelenii*
フェニックス・ロベレニー

p.123
EASTER CACTUS
*Schlumbergera gaetneri*
イースターカクタス

p.113
REGAL ELKHORN FERN
*Platycerium grande*
ビカクシダグランデ

p.117
AFRICAN MILK BUSH
*Euphorbia trigona*
ユーフォルビア・トリゴナ

p.120-121
UMBRELLA TREE
*Schefflera arboricola*
カポック

p.123
MISTLETOE CACTUS
*Rhipsalis baccifera*
リプサリス

p.124-125
**PEACE LILY**
*Spathiphyllum*
スパティフィラム

p.130-131
**CAPE PRIMROSE**
*Streptocarpus*
ストレプトカーパス

p.135
**FLAME NETTLE**
*Solenostemon*
コレウス

p.138-139
**ZZ PLANT**
*Zamioculcas zamiifolia*
ザミア

p.125
**CHINESE EVERGREEN**
*Aglaonema*
アグラオネマ

p.131
**GLOXINIA**
*Sinningia speciosa*
グロキシニア

p.136-137
**YUCCA**
*Yucca elephantipes*
ユッカ

p.139
**SAGO PALM**
*Cycas revoluta*
ソテツ

p.125
**CAST IRON PLANT**
*Aspidistra eliator*
ハラン

p.132-133
**AIR PLANTS**
*Tillandsia*
エアプランツ

p.137
**TI PLANT**
*Cordyline fruticosa*
コルジリネ

p.139
**GUINEA CHESTNUT**
*Pachira aquatica*
パキラ

p.128-129
**BIRD OF PARADISE**
*Strelitzia reginae*
ゴクラクチョウカ

p.134-135
**INCH PLANT**
*Tradescantia zebrina*
トラディスカンティア

p.137
**PONYTAIL PALM**
*Beaucarnea recurvata*
トックリラン

# THE BASICS
# 鉢植え栽培の
# 基本のき

**鉢植えの植物が生きていくのに必要なこと**

THE BASICS

14

# 植物を買う

植物を買う時は、管理の行き届いたホームセンターや
農園で買いましょう。
その際、選ぶ時に気をつけること、傷めずに持ち帰る方法など、
いくつか考えるべきことがあります。

### 形は?
植物の姿形を確かめましょう。葉
がしっかりついたものを選び、ひょ
ろ長く徒長したものは避けること。

ディフェンバキア
(p.62-63)

### 土の状態は?
ポットの中の土が湿っているか
どうか見てみましょう。びしょびしょでも乾
きすぎていてもいけません。水やりが適
切に施されていない証拠だからです。

### 根の状態は?
株元の土の上に根が出ていたり、ポットを持ち上げて
みて底の穴から根がたくさん見えていたりしたら、そ
の植物は根詰まりしています。そうした植物は元気に
成長するのが難しく、よいコンディションにならないの
で避けましょう。

### 花の咲いた植物を選ぶ時は？

一つのポットに、咲いた花とつぼみ、両方あるものを選びましょう。つぼみがあると、次々に咲いて古い花と入れ替わっていくので長い間楽しめます。固いつぼみしかない株は、家に持ち帰っても咲かないかも知れないので避けましょう。

ポットマム

### 包装

春は植物を買うのによい季節です。天候が穏やかで、植物が突然の温度・場所の変化でショックを受けることがあまりないからです。もし寒い時に植物を買うなら、持ち帰る際に包んでもらいましょう。植物の中には、急な温度変化でつぼみや葉が落ちたり、枯れたりするものがあります。ポインセチアは特に寒さに弱いです。

### コンディション

葉がみずみずしく、いい色で、黄ばみなどがないかチェックしましょう。

ポインセチア(p.74-75)

### 病気や虫のチェック

病虫害のサインがないかチェックしましょう。葉の裏側をよく見ること(p.24-27「植物につく害虫」とp.28-29「植物の病気」を参照)。

# 植物を植える・置き場所を選ぶ

16

THE BASICS

買った植物を持ち帰ったら、底穴のあるポットに植わっているか、
置き場所はどこがいいか考えなければなりません。
この2点は、植物が元気に育つのを助ける
長い道のりの第一歩です。

## 植え方

ほとんどの植物は、底穴のあいたプラスチックのポットで売られています。これをもっと見栄えのいい植木鉢に入れましょう。植物によっては、底穴のないきれいな鉢で売られているものもありますが、これでは底に水が溜まって根腐れを起こしていないか、判断が難しくなります。

こういった場合は、底穴のあいたプラスチックのポットに植え替えるのが一番です。そして、そのポットをもっと見た目のいい鉢カバーに入れて隠せばいいのです。

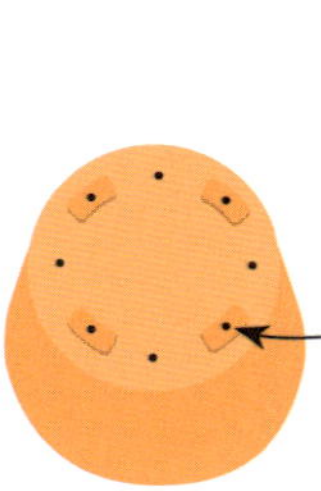

ディフェンバキア
(p.62-63)

プラスチックのポットが使いたい鉢カバーに合うサイズか確かめる。

底穴

**市販の植物が植えられている
プラスチックのポット**

底穴のあるポットに植えられているか確かめる。

**別のポットへの植え替え**

植物が底穴のないポットで売られていたら、底穴のあるポットに植え替えてから鉢カバーに入れましょう。

## 置き場所を選ぶ

植物にあった場所を見つけるには、温度と日当たりと湿度を考えます。その植物の原産地を調べてみましょう。たとえば熱帯雨林の地面に生える植物なら、直射日光が当たって日焼けするような窓際はよくありません。植物に必要な条件をチェックし、それに適した場所に置きましょう。自分の好みや都合だけで決めないように。

### 日当たり

光は植物のエネルギー源で、たっぷりの光が必要な植物もあります。ほとんどの鉢植えは、明るいけれども直射日光の当たらない場所で元気に育ちます。北・東・西の窓からは30〜90cm離すといいでしょう。日当たりは1日のうちで変わり、また季節によって違うことを覚えておきましょう。

### 温度

ほとんどの鉢植えの植物は、私たちと同じ環境を好みます。昼間は暖かく、夜には少し気温が下がるような環境です。しかし、ツタやシクラメンなどの植物にはもう少し低い温度がいいでしょう。植物は大きな温度変化を好まないので、次のような場所は避けましょう。

→ エアコンの送風口のそば
→ 冷たい風の当たるところ
→ 窓ガラスに近いカーテンの外側

室温を見るのに温度計が使えます

アロエベラ
(p.38-39)

### 湿度

鉢植えの植物は湿度の高い熱帯原産のものが多いです。湿度は多少低くてもいいものの、暑すぎたり暖房の効きすぎた部屋は苦手。常に乾燥気味の部屋なら、サボテンや多肉植物など乾燥地帯原産の植物を選びましょう。熱帯の植物でも、ストーブやヒーターなど直接的な熱源には近づけず、バスルームやキッチンなど、もっと湿度があってもう少し涼しい部屋に移すことも考えましょう。暖かい季節なら窓を開けます。通気をよくすると病気予防にもなります。シダなどの植物は、テラリウムのような水分の多い環境が向いています。一般的なアドバイスとしては、植物に霧吹きで水をかけるか、小石を敷いて水を入れたトレイに載せると、植物の周りの湿度を上げることができますが、ごく限定的な短期的効果しかないようです。

タマシダ
(p.93)

テーブルヤシ
(p.85)

ケンチャヤシ
(p.84-85)

# 水やり

水のやり方が悪いと、鉢植えを枯らせてしまう大きな原因になります。特にやりすぎはよくありません。健康な植物への水のやり方と弱った植物の蘇らせ方は、次のようにするといいでしょう。

## 水のやり方

ほとんどの植物は上から水をやりますが、葉に毛のある植物や葉が茂って土を覆っている植物は、葉に水をかけないよう下から水をやります。ラン類は鉢ごと水に浸けて吸水させましょう。こうすれば、粗い土が必要なだけ水を吸ってくれます。温度変化で植物にショックを与えないよう、与える水の水温は生ぬるいぐらいにします。可能なら、屋外にバケツを置いて雨水を集めるのもよい方法です。ブロメリアや食虫植物など、植物によっては水道水に含まれる化学物質に敏感で、雨水の方を好むものがあるからです。
植物が水に浸かってしまうのを避けるため、水をやる前には必ず鉢カバーや受け皿を外しましょう。

### 上から

ほとんどの植物には、細い鶴首のじょうろを使い、じょうろの口が土に届くようにします。株元の土に水をかけ、土が均等に水分を吸って、余分な水は底から流れ出るようにします。

ディフェンバキア
(p.62-63)

### 下から

葉に水滴がつかないようにするにはこの方法を使います。水滴は葉のシミの元になり、腐らせることがあるからです。鉢を、水を入れた鉢皿に載せて30分ほど置いておきましょう。皿に残った水は捨てます。

シクラメン
(p.60-61)

### 浸して吸水

ラン類に適した水やりのテクニックです。ぬるい水を入れた容器に鉢を浸し、10分ほど置いておきます。残った水気は完全に切りましょう。

ファレロプシス
(p.102-103)

## 水はどれくらいやればいいの?

植物に水やりが必要か、どれくらい水をやればいいか判断するには、次のことを考えます。

➡ 水のやり過ぎと日当たりの悪さが組み合わさると、鉢植えを枯らす一番の原因になります。逆に日当たりがよいほど水は多く必要です。

➡ 定期的な水やりはしない。植物が水を必要としているかを見て下さい。ほとんどの植物は、鉢の土の表面1〜2cmが乾くまで水やりは要りません。土にそっと指を入れてみましょう。もし葉が土を覆ってしまっていたら、鉢の重さを確かめます。鉢がとても軽かったら、土が乾いているのです。

➡ 鉢の土が湿る程度でよく、水浸しはいけません。ほとんどの鉢植えの植物は水浸しの土を嫌がります。余分な水は必ず流れ出るようにしましょう。

➡ 素焼きの鉢に入れた土は、プラスチックや陶器の鉢の土より早く乾きます。素焼きが多孔性で水を吸う素材だからです。

➡ ほとんどの植物は冬にはあまり水が要りません。冬にはほとんど成長しないからです。植物によっては、再び花を咲かせるためにこの時期は休眠が必要です。

### しおれているのは水が足りないから?

植物がしおれていたら、水不足かも知れません。鉢の土が乾いていないかチェックして、本当に水が足りないか確認しましょう。水をやりすぎても同じ症状になるからです。

💧 **お手入れ** 植物を日陰に移し、ボウルにぬるい水を入れます。鉢カバーから外し、底穴のあいたプラスチックのポットだけを水に浸し、もし浮いてくるなら重しをします。30分ほど水に浸けてから排水しましょう。1時間しないうちに植物が蘇るはずです。

スパティフィラム
(p.124-125)

### しおれているのは水が多すぎるから?

植物は、鉢に水が溜まっていてもしおれてしまいます。この方が水不足より深刻。水が足りないより早く枯れてしまうかもしれません。

💧 **お手入れ** 植物を鉢から出して根を露出させ、根を新聞紙かペーパータオルでくるみます。紙が水分を全部吸ってしまうまで取り替えましょう。それから新しい土を入れた鉢に植物を植え、直射日光を避けて置きます。数週間は土がわずかに湿る程度を保つこと。

植物をすべての鉢から出す

セントポーリア
(p.114-115)

# 肥料をやる、手入れをする

植物を枯らさないためには、水やりだけではいけません。
ほとんどの植物は肥料も必要です。
毎週数分でいいので、植物をチェックして手入れをしましょう。
植物は手をかけてやればやっただけよく育つのです。

## 肥料をやる

あらゆる植物は元気に育つために栄養が必要です。食虫植物は虫を捕まえて栄養を摂りますが、ほとんどの鉢植え植物は液体肥料を必要とします。

植物を購入したら数週間後、または植え替えてから2・3ヶ月後に施肥を始めましょう。春夏には、液体肥料を水やりの水に加えます。通常は月1回でいいでしょう。必ず指定の用量を守って、それ以上に与えてはいけません。肥料が多すぎると植物を傷めます。

また、鉢の土が湿っている時に肥料をやるのが一番です。そうすれば、肥料が直接根に届き、流れ出てしまわないからです。より手のかからない方法として、液体肥料の代わりに、ゆっくり溶け出す固形肥料や土に刺すタイプの肥料を使ってもいいでしょう。

これは水をやる度に少しずつ養分が溶け出します。冬咲きの植物以外、冬には鉢植えに肥料をやらないこと。

水に液体肥料を混ぜる

矮性カポック
(p.120-121)

固形肥料を土
の表面に置く

## そのほかのお手入れ

毎週1〜2分、植物をチェックして元気かどうか確かめ、植物のことをよく観察しましょう。
これは植物を健康に保つためだけでなく、何か問題があったらそのサインにより早く気づくためにも大切なことです。

## 花がら摘み

古い葉や枯れた花は取り除きます。こうすると花つきを促し、枯れた花びらが植物について葉を腐らせることを防ぎます。

## 掃除

湿らせた清潔な布で植物の葉を拭き(特に葉の大きい植物)、ほこりがたまらないようにします。ほこりは葉への日当たりを妨げてしまうからです。パーム類は冬にはぬるいシャワーをかけ、夏は雨に当てましょう。葉に毛のある植物やトゲのある植物は、柔らかい筆で掃除するのが最適です。

茶色くなった古い葉は取り除く

ドラセナ
(p.69)

毛のある葉には筆を使う

艶のある葉は湿らせた布で拭く

## 害虫のチェック

予防は治療に勝ります。植物に異常が見えたら、手入れ方法をチェックし、大きな問題が起きる前に病虫害のサインがないかよく探しましょう(p.24-27の「植物につく害虫」、p.28-29の「植物の病気」も参照のこと)。

コナジラミ

アブラムシ

# 植え替え

元々植物が植わっていた土は、いずれ養分が尽きてしまい、
植え替えが必要になります。
植物が大きく育った時も植え替え時期で、
一回り大きな鉢に植え替えましょう。

## 植え替えの時期

ほとんどの植物は、土中の根が鉢の縁に当たって丸まるようになったら植え替えが必要です。元の土ごと根を慎重に取り出してチェックしましょう。植え替え先の鉢は、元の鉢より一回り大きければ十分です。直径が約5cmほど大きい鉢がいいでしょう。あまり大きい鉢だと土が多すぎて、水も含みすぎてしまいます。

ほとんどの植物はピートを含まない土や鉢植え用土を好みますが、ラン類やサボテン類など一部の植物は専用の土が必要です。庭土は使わないこと。植え替えに最適な時期は春夏です。植え替えた直後は元気のなくなる植物もありますが、回復するはずですから、いつもの世話を続けましょう。

**鉢が小さすぎる場合**
新しい大きな鉢に新しい土を入れて植え替える。

鉢の底から根が出ている

ディフェンバキア
(p.62-63)

新しい土

**鉢が大きい場合**
大きく育った植物を鉢から出すのは大変。そんな時は代わりに「表層入れ替え」をする。鉢の土の表面から5〜8cmをスプーンや小さなシャベルで取り除き（根を傷つけないよう注意）、新しい土と入れ替える。

カシワバゴムノキ
(p.76-77)

### 植え替えの手順

正しく植え替えるため、次の手順を守りましょう。まず新しい鉢と新しい土を用意します。

**1** 植え替え前日、古い鉢ごと水に浸す。こうすると鉢から出しやすく、植え替えで植物がショックを受けにくくなる。

**2** 一回り大きい新しい鉢の底に、新しい土を入れる。

**3** 鉢を逆さにし、底を叩いて植物と土を出す。

**4** 植物を新しい土にのせる。元の土の周りと鉢の上に隙間を残しておくこと。

鉢の上に2〜3cmの隙間を残しておくこと

**5** 元の土の周りに新しい土を加え、そっと手で押さえる。

**6** 水をやり、余分な水は流れ出るようにする。

"植え替えたあとは、いつもの世話を続けましょう"

THE BASICS | 24

# 植物につく害虫

鉢植えの植物は来て欲しくない
小さなお客様に困らせられることがあります。
このお客は植物を傷め、枯らせてしまうかも知れません。
次の方法で害虫がついたかどうか判断し、植物を守りましょう。

---

### 害虫への対処方

虫害を避ける一番の方法は、植物を元気に保つことです。元気な植物は害虫の攻撃に耐えられるからです。
植物を買う前に、害虫のサインがないか全体をよく見て、買ってからも定期的にチェックしましょう。
もし植物に害虫がついたら、有機系殺虫剤あるいは園芸用の石けんの溶液など、環境にやさしい無毒なものを試してみましょう。
鉢植えがひとところにたくさんあり、多くが同じ問題に悩まされている場合は、生物的防除を試してみましょう。害虫を攻撃する天敵(通常は裸眼では見えません)を導入することによって効果を発揮します。そのための自然の製品(天敵製剤)は通販などで購入できます。

虫取り用
粘着シート

ベゴニア・マクラータ
(p.44-45)

**Point**
植物で害虫の
つきやすいところ

↑つぼみと茎　↑葉の上　↑土の中

"元気な植物は
害虫の攻撃に
耐えられます"

### 害虫いろいろ

鉢植えの植物にこんな虫や虫のいるサインを見ることがあるかも知れません。特に虫のつきやすい植物は、32ページ以降のそれぞれの植物紹介ページでより詳しく解説しています。

## ハモグリバエ（エカキムシ）

葉に茶色や白、半透明のくねくねした跡があったら、そこに幼虫が潜んでいます。葉の表に白い点々が出ることもあります。

**お手入れ** 虫に食われた葉を取り除き、有機殺虫剤をスプレーします。

幼虫が葉の層の間にトンネルを掘っている

ポットマムの葉

## オンシツコナジラミ

葉の裏に隠れ、植物を動かすと小さな白い虫が一斉に飛びます。

**お手入れ** 一時的に植物を屋外に出し、水をスプレーして虫を追い払います。また、虫取り用の粘着シートを植物の近くに吊し、大量の虫を捕ってしまってもいいでしょう。

ベゴニアの葉

## アザミウマ

この小さな茶色または黒色の昆虫は植物の汁を吸う種類で、屋外に長く置いた植物に見られることがあります。この虫のいるサインは、葉に艶がなくまだらになっている、葉や花に白っぽい銀色の筋が入る、成長が悪いなどです。

**お手入れ** 粘着性の虫取りシート、特に青い虫取りがこの虫を減らす役に立ちます。植物に有機殺虫剤をスプレーするか、生物的防除を試してみましょう。

## キノコバエ

小さな茶色または黒色の虫で、植物の周囲を飛び回ります。それほど害はありませんが、嫌なものです。このハエの幼虫はほとんどが土中の有機物を餌にしますが、根を傷めることもあります。健康な植物は耐えられますが、若い植物や弱った植物は耐えられません。

**お手入れ** 水やりの前に、鉢の土の表面1〜2cmを乾燥させます。このハエは水分の多い土に寄ってくるからです。植物に十分な日当たりを確保しましょう。このハエは黄色を好むので、黄色い虫取りシートでハエを引きつけて植物から離すことができます。土の表面を細かい砂利で覆うと、ハエが卵を産むのを防げます。

まだらの色抜け

クロトンノキ (p.59)

## ハダニ

色が抜けたり点々が入ったりした葉、葉と茎の間にかかったクモの巣のような網、落ちた葉などはありませんか？虫眼鏡で葉の裏を見ると、ハダニがいるでしょう。ハダニは乾燥した暑い環境で増えます。

**お手入れ** 植物全体に有機殺虫剤をスプレーするか、生物的防除をしましょう。よく注意して、虫眼鏡で葉の裏にハダニがいないか探して下さい。

アイビー
(p.80-81)

*"定期的に
植物をチェックして、
問題が大きくなる前に
対応しましょう"*

## キンケクチブトゾウムシ

水をやりすぎたり足りなかったりはしていないのに、植物が弱ってしなだれたら、犯人はキンケクチブトゾウムシかも知れません。この虫は屋外に長く出した植物の土の中で見つかります。植物の根や球根、塊茎を食べるので、植物が急に弱ってしまうのです。

**お手入れ** 夏の間植物を外に出していたなら、夏の終わりか秋の初めに、土にたっぷり殺虫剤をかけるか生物的防除をして、虫を全部殺してしまいます。植物を新しい土に植え替えてもいいでしょう。虫が根をほとんど食べてしまっていたら、植物は回復しないでしょう。

土の中に幼虫がいるかも

エケベリア(p.72-73)

## アブラムシ

緑、黒、グレー、オレンジ色などのものがいます。茎の先やつぼみに集まり、植物の汁を吸って甘い分泌物を出しますが、これがやがてすす病になります。また、アブラムシはウィルスも媒介します。

**お手入れ** アブラムシを手で落とし、さらに水をスプレーして追い払うか、殺虫剤をスプレーします。そばに黄色い粘着性の虫取りシートを吊すといいでしょう。

フィットニア
(p.78-79)

## カイガラムシ

この貝のような虫は茎や葉の裏で茶色い塊のようになっています。ねばねばした排出物を出し、これがすす病の原因にもなります。対処しないと、植物が弱って葉が黄色くなってしまうでしょう。

**お手入れ** 虫を落とすか、虫のついたエリアに有機殺虫剤をスプレーします（シダ類は化学物質に非常に敏感なので、殺虫剤を使わないこと）。生物的防除を試してみてもいいでしょう。

## コナカイガラムシ

この白くてゆっくり這う虫は白い毛に包まれ、茎や葉の付け根、葉の裏などに塊になっています。植物の汁を吸ってねばねばした甘い分泌物を出し、これが固まってすす病の原因になります。この虫がつくと葉は黄色くなったり落ちたりし、植物が弱ります。

**お手入れ** 有機殺虫剤で湿らせた布や綿棒で虫を落とすか、植物全体に週1回有機殺虫剤をスプレーします。生物的防除もいいでしょう。コナカイガラムシを根絶するのは難しく、この虫がひどくついてしまった植物は処分してしまう方が簡単なことも少なくありません。

カイガラムシは葉の中心に沿って塊になる

矮性カポックの葉
(p.120-121)

ランの葉
(p.102-103)

# 植物の病気

植物を正しく世話することが病気を防ぐ最良の方法です。
常によく観察して下さい。
ここでは、植物がかかるかも知れない病気の見つけ方や治し方を紹介します。

灰色のカビが
広がる

セントポーリア
(p.114-115)

### ボトリチス病
### （灰色カビ病）

灰色のふわふわしたものが植物全体につきます。寒く、湿度が高く、葉が茂りすぎた状態で特によく見られます。

**お手入れ** 鉢皿から水をやり、葉や植物の上部に水滴がつかないようにします。感染した部分とカビのついた土を取り除き、有機殺菌剤で処置します。水やりとスプレーの回数を減らし、風通しをよくします。

植物が弱って
しなだれる

シクラメン
(p.60-61)

### 茎腐れ病

株元の方が菌に感染して黒くなり、腐ってぐにゃっとしおれてしまいます。これは水のやり過ぎや、茎の付け根に水がかかったため、また寒い時によく起こります。

**お手入れ** 感染した部分を切り取り、有機殺菌剤で手当てすれば回復するかも知れません。水のやり過ぎを避け、植物をより暖かく風通しのいい場所に移します。

白いホコリの
ようなものが
まだらにつく

ピレア・ペペロミオイデス
(p.110-111)

### うどんこ病

葉や茎に白いほこりのようなものがまだらに現れます。植物が混み合ったり水やりが多すぎたりするとよく起こります。致命的ではありませんが、植物を弱らせてしまうでしょう。

**お手入れ** 感染した葉を取り除き、有機殺菌剤で植物を手入れします。植物どうしをもっと離し、風通しをよくしましょう。

コルクのような膨らみ

サダソウの葉

すす病菌

矮性カポックの葉
(p.120-121)

黄色いまだら

ホヤ
(サクララン、p.88-89)

## 水疱症

葉の裏側にコルクのような膨らみがないか注意しましょう。水疱症は水の多すぎ、湿度の高すぎ、日照不足などで起こります。

🌿 お手入れ 与える水の量を減らし、室内の湿度を下げ、より明るい場所に移します。

## すす病

この黒い菌は、アブラムシやコナジラミ、カイガラムシ、コナカイガラムシのねばねばした排出物で繁殖します。日当たりを妨げるので、植物に穴があきます。

🌿 お手入れ 清潔な布でカビを落とし、ついている害虫に対処します（「害虫のいろいろ」p.24-27を参照）。

## ウィルスによる病気

ウィルス感染のサインは、葉がまだらになる、黄色くなる、成長が悪い、花に白い筋が入るなどです。

🌿 お手入れ ウィルスは昆虫が媒介することもあれば、買った時に既に感染していることもあります。これは手の打ちようがありません。

葉の黒点

カシワバゴムノキの葉
(p.76-77)

## 炭疽病

葉に茶色または黒い点々ができ、点の縁が黄色いことが多いです。炭疽病は融合して葉全体を枯らせてしまうことがあります。バクテリアか真菌によって起こり、混み合って湿った環境や、水しぶきが葉についた時に起きやすくなります。

🌿 お手入れ 感染した葉を取り除き、有機殺菌剤で処置します。湿度を下げ、植物どうしの間隔をあけます。

## 根腐れ病

水のやり過ぎで起きる根腐れ病は根への菌感染で、葉が黄色くなり、さらに弱って茶色くなると、植物全体がしなだれてしまいます。感染した根は黒ずんで柔らかくなります。

🌿 お手入れ 根を調べるため土を取り除きます。感染した根をナイフで切り落とし、健康な白い根だけ残すことで、植物を救えるかもしれません。根を減らしたら植物を切り戻して小さくし、有機殺菌剤で処置します。それから感染していない鉢に新しい土を入れて植え替えます。

柔らかく腐った部分

ウチワサボテン(p.98-99)

# THE HOUSEPLANTS

# 観葉植物

観葉植物の世話のしかたと困った時の対処法

# シマサンゴアナナス

〚 *Aechmea fasciata* 〛

シマサンゴアナナスはエキゾチックな
パイナップルの仲間で、花は長く咲きます。
葉が重なり合って株元にできた「貯水槽」に水を溜めます。

---

### 枯らさない育て方

**✓ 場所**
室温13〜27℃の室内に。風通しのいいことが大切なので、時々窓を開けましょう。

**☀ 日当たり**
たっぷり日に当てましょう。ただし直射日光は避けないと、葉が日焼けします。

**💧 水やり・施肥**
中央の「貯水槽」(葉筒)の部分に、いつも水が2〜3cm溜まっているようにします。室温と同じにした汲み置き水を与えましょう。2・3週間に1度、「貯水槽」(葉筒)を空にして水を入れ替え、水がよどんで腐るのを防ぎます。夏に鉢の土の表面2〜3cmが乾いたら、土にも水をかけますが、余分な水は流れ出るようにすること。

**🪴 育て方**
暖かい部屋では湿度を高く保つこと。水はけをよくするために鉢皿に小石を敷き、水で浸した上に鉢を載せるといいでしょう。葉には週に1・2回、霧吹きで水をかけます。

> **虫に注意！**
> (p.24-27参照)
> 葉に**カイガラムシ**と**コナカイガラムシ**がつきやすい。

### 葉が茶色くべっとりしたり、しおれたりしている時は？

水のやり過ぎか水はけの悪さのために、植物上部や根が腐っているかも知れません。

💡 **お手入れ** 上部や根が腐っていないかチェックします。腐った部分を切り詰め、殺菌剤をつけて、新しい土に植え替えます。詳しくは「植物の病気」(p.28-29)を参照のこと。

茶色くなった葉

### 花や植物全体が枯れる？

これは正常です。

💡 **お手入れ** よく切れるナイフで、できるだけ葉に近い部分で花を切り取ります。シマサンゴアナナスは1度しか花が咲きませんが、世話を続けると子株(根もとに出る新しい株)をつけます。子株が本体の3分の1のサイズになったら、慎重に切り離し、別の鉢に植えましょう。

## 葉の色が薄い?

空気が乾燥しすぎているか、直射日光に当たったためです。

💡 **お手入れ** 植物をより日陰に移し、定期的に葉に霧吹きで水をかけます。

## 葉の先端が茶色い?

気温が高く乾燥しすぎているか、水のやり過ぎ、または水やり不足です。冷たい水をやることで起きることも。

💡 **お手入れ** 中央の「貯水槽」（葉筒）に水を加え、鉢の土にも軽く水をやります。葉に霧を吹く回数も増やしましょう。水道水が問題だと思ったら、水を1〜2日汲み置きした水に切り替えます。

## 〈 同じ育て方 〉の植物

**トラフアナナス**
*Vriesea splendens*
剣のように細い珍しい花（穂状花序）をつけます。

**グズマニア**
*Guzmania lingulata*
これも人気。パイナップルに似た花でよく知られています。

**シマサンゴ
アナナス**
[高さと幅]
50cm以下

# エスキナンサス
〚 *Aeschynanthus pulcher* 〛

夏に、赤黒いケースから真っ赤な花が現れるところが
口紅のようだとして、Lipstick Plantという英名がつきました。
ハンギング・バスケットに最適です。

---

### 枯らさない育て方

 **場所**
1年を通して室温18〜27℃の暖かい場所に置きましょう。

 **日当たり**
明るい場所を好みますが、直射日光は当たらないように。

 **水やり・施肥**
春から秋は、鉢の土の表面から少し下まで乾いたら、室温と同じにした汲み置き水を与えます。冬には水の量を減らしましょう。初夏には月に1度肥料を施します。

 **育て方**
ひょろっと伸びた若枝は切り戻します。鉢の中で根詰まりしていたら、春に植え替えましょう。

**虫に注意！**（p.24-27参照） アブラムシとコナカイガラムシに気をつけること。

### 葉にグレーのふわふわしたものがついている？
これは灰色カビ病の菌です。

💡 **お手入れ** 感染した部分をすべて取り除き、有機殺菌剤をつけます。詳しくは「植物の病気」(p.28-29)を参照。

### 花がつかない？
日当たりや養分が足りないのかも知れません。

💡 **お手入れ** より明るい場所へ移します。また、春夏を通して配合肥料を与えてみて下さい。

### 葉が黄色く、またはピンクになる？
日に当てすぎというサインです。

💡 **お手入れ** もう少し日陰に移しましょう。明るいけれど直射日光の当たらない状態を保ちます。

> **葉に点々がある?**
> 葉に細菌やカビが付着して、炭疽病になったようです。
>
> 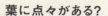 **お手入れ** 感染した葉をすべて取り除き、有機殺菌剤をつけます(p.28-29「植物の病気」参照)。病気を広げないためには、水やりの際、葉に水がかからないようにしましょう。

エスキナンサス
[高さ]
20cm以下
[幅]
70cm以下

( 同じ育て方 )
  の植物

**フィッシュボーンカクタス**
*Disocactus anguliger*
魚の骨のような波打った珍しい茎をもつ、熱帯のサボテンです。美しい白い花は1日か2日しか咲きません。粗砂を加えたサボテン用培養土に植え、冬も11〜14℃を保って花をつけさせましょう。

# アロカシア

〚 *Alocasia × amazonica* 〛

アロカシアは蒸し暑い環境を好みます。
葉脈の目立つ濃い緑の美しい葉です。

## 枯らさない育て方

### 場所
1年を通じて18〜21℃を保ちましょう。ただし暖房の吹き出し口やエアコンの風の当たるところ、風の通り道は避けます。

### 日当たり
夏も直射日光は避けましょう。明るい日陰が最適です。冬はより明るい場所に移します。

### 水やり・施肥
数日に1回、軽く水やりをして、土は常に湿っているように(ただし水浸しにならないように)します。室温と同じにした汲み置き水を与えること。春夏には月に1度肥料をやります。冬の水やりは控えめに。

### 育て方
アロカシアは多湿を好むので、小石を敷いた鉢皿に水を入れてその上に鉢を置き、頻繁に葉に霧吹きで水をかけてやりましょう。鉢は水はけがいいものにします。根が鉢からたくさんはみ出るようになったら、春に植え替えます。

### 葉に茶色いまだらがある?
日焼けです。

💡 **お手入れ** 植物をもっと日陰の、直射日光の当たらない場所に移します。

茶色のまだら

### 植物が枯れている?
冬なら、休眠状態に入ったのでしょう。特に気温が15℃を下回っている場合はそうです。冬でないなら環境が適していません。

💡 **お手入れ** 休眠中なら、春にはまた芽が出るはずです。普段通りの世話を続けましょう。冬以外に症状が出るようなら、場所や日当たり、水やりのしかたをチェックして下さい(左を参照)。

### 虫に注意!
（p.24-27参照）

葉に**カイガラムシ**と**コナカイガラムシ**、**ハダニ**がつきやすい。

### 葉が茶色くかさかさしている?

気温が高くて乾きすぎているか、水道水に含まれる化学物質が原因です。

💡 **お手入れ** より涼しく、湿度のある場所に移しましょう。1～2日汲み置きした水を与えるといいでしょう。

← 茶色くかさかさした葉

### 全体がしなだれている?

水のやり過ぎ、または水やり不足です。水をやりすぎると根が腐ってしまいます。

💡 **お手入れ** 鉢の土をチェックし、乾きすぎたり濡れすぎたりしていたら、水のやり方を見直します。それでも問題が続くようなら、根が腐っていないか調べましょう。根の傷んだ部分をすべて取り除き、有機殺菌剤をつけて、新しい土に植え替えます。詳しくは「植物の病気」(p.28-29)を参照のこと。

**アロカシア**
［高さと幅］
1.5m以下

# アロエベラ
〚 *Aloe vera* 〛

育てやすい多肉植物で、葉は肉厚、トゲがあります。葉の汁は火傷や皮膚の炎症を抑えるのに使われます。

> **虫に注意!**
> (p.24-27参照)
> 葉に**カイガラムシ**がつきやすい。

## 枯らさない育て方

 **場所**
室温10〜24℃の室内に。元気に成熟すると黄色い花をつけます。

 **日当たり**
明るい場所に(南向きの窓際など)置きます。多少の直射日光には耐えますが、徐々に影響が出るので注意。

 **水やり・施肥**
春と夏、土の表面2〜3cmが乾いたら水をやります。鉢を置く場所によりますが、基本的に水やりは週1回でいいでしょう。冬の水やりはごく控えめに。春と夏に1回ずつ肥料を与えます。

**育て方**
アロエベラは水はけのよい土を好むので、植える時に砂やパーライトを混ぜるか、サボテン用培養土を使いましょう。土の表面に砂の層を作ると、根元の乾燥を保ち、腐るのを防げます。育ちすぎて根詰まりを起こさない限り、植え替えはしません。本体からは側芽が出ます。これは残しておいてもいいし、根をつけて切り取り、別に植えることもできます。

---

**葉が縮れたりしわが寄ったりしている?**

水が必要、または逆に水のやり過ぎで根腐れを起こしているかも。

💡 **お手入れ** 軽く水をやり、葉に霧吹きで水をかけましょう。これを3日間続けると、葉がふっくらするはず。水分の多すぎる培養土に植えるのは避けましょう。

---

**葉が茶色や赤、赤茶になっている?**

夏の日中に日に当てすぎているか、水やりが多すぎるかも。根も傷んでいるかもしれません。

💡 **お手入れ** 直射日光の少ない明るい場所に移しましょう。水やりも減らします。それでも治らなければ、根のチェックを。

赤茶になった葉

### 葉の色が薄い、または黄色い？

全体の葉の色が薄い、または黄色いなら、水のやり過ぎか日当たり不足です。

> 💡 **お手入れ** 水のやり方を見直し（左ページ参照）、より明るい場所に移しましょう。

### 黒点がある？茶色の変色やぐにゃっとした葉がある？

おそらく水のやり過ぎでしょう。

> 💡 **お手入れ** 鉢の土が乾くまで水をやってはいけません。また、鉢に底穴があるか確かめること。葉には水をかけないようにします。水が葉の付け根に集まって腐るからです。

黒点

アロエベラ
［高さと幅］
1m以下

## ( 同じ育て方 ) の植物

**アガベ**（和名 **リュウゼツラン**）
*Agave*

日当たりのよい窓際にぴったりの多肉植物で、アロエベラと同じように育てます。トゲの鋭い品種があります。

**ハオルチア**
*Haworthia*

これも同じように育てます。直射日光を当てると葉が赤くなってしまいます。

# アンスリウム

〚 *Anthurium* 〛⟶ 和名 ベニウチワ

鉢植えで育てやすい植物です。
エキゾチックに波打つ鮮やかな花は、
何週間も咲き続けます。

## 枯らさない育て方

### 場所
アンスリウムは熱帯植物なので、温度と湿度が必要です。15〜20℃の室内で、冷たい風の当たらないところに置きましょう。

### 日当たり
明るく直射日光の当たらない場所に。明るい窓際から1mほど離すといいでしょう。

### 水やり・施肥
春から秋、土の表面が乾いたら適度に水をやります。水やり後は土が湿るけれどもび水浸しにならない程度に。冬には水の量を減らします。春夏には毎月肥料を与えましょう。

### 育て方
湿気を与えるため、定期的に葉に霧吹きで水をかけるか（花は避ける）、小石を敷いて水を入れた皿に鉢を載せます。湿らせたスポンジでたびたび葉を拭き、咲き終わった花はそっと取り除きましょう。植え替えは春に、一回り大きな鉢にします。

---

**虫に注意！**
（p.24-27参照）

葉にコナカイガラムシとアカダニがつきやすい。

---

先端が茶色くなった葉

**葉の先端が茶色くなっている?**
室内が暑くて乾燥しすぎているか、水が多すぎるか少なすぎるか、または冷たい風が当たっています。

💡 **お手入れ** 必要なら植物を熱源から離し、水のやり方を見直します。

アンスリウム
[高さと幅]
50㎝以下

### 葉が黄色い?

たまに葉が黄色くなるのは、植物全体が老いてきたからでしょう。もし黄色が株全体に広がるなら、水が多すぎるか少なすぎる、肥料不足、冷風が当たっている、根詰まりを起こしているなどが考えられます。

💡 **お手入れ** 施肥と水やりを見直しましょう。ただし鉢を水に浸けてはいけません。場所替え、植え替えも考えてみては。

### 葉は多いのに花がつかない?

日当たりが足りないか、鉢が大きすぎるか、肥料不足です。

💡 **お手入れ** より明るい場所に移しましょう。鉢の縁から根まで1〜2㎝以上あるなら、一回り小さな鉢に植え替えます。花つきを促すため、月に1度肥料を。

# アスパラガス・メイリー

〖 *Asparagus densiflorus "Myersii"* 〗

一見デリケートですが、
よく似たシダ類とは異なり、
多少の風や乾燥にも耐える育てやすい植物です。

### 枯らさない育て方

**場所**
室温13〜24℃、風の当たらないところに置くと良好な状態が保てます。

**日当たり**
明るい日陰や、カーテン・ブラインド越しに日の当たる場所に。

**水やり・施肥**
春夏は土の湿り気を保ちます。冬には鉢の土の表面が乾いてから水をやりましょう。春から秋、通常の半分に薄めた肥料を月に1度与えます。

**育て方**
ひょろ長く伸びたり、茶色くなったりした葉は付け根から切り取ります。根詰まりしたら一回り大きい鉢に植え替えを。

**虫に注意!**（p.24-27参照）
葉の中に**アカダニ**、**コナカイガラムシ**、**カイガラムシ**がつきやすい。

アスパラガス・メイリー
〖高さと幅〗
60cm以下

## 葉の先が茶色くなっている？
直射日光が当たっているか、暖かい季節なら土が乾いています。

💡 **お手入れ** より日陰に移し、春夏には土の湿り気を保つようにします。

← 変色した葉

## 同じ育て方の植物

**アスパラガス・プルモーサス**
*Asparagus setaceus*
世話のしかたは同じですが、より多湿を好み、日当たりはより少なくても大丈夫です。

## 根もとが茶色い、またはべたっとしている？
べたっとした部分は腐っています。これは根もとや茎が腐っているサインです。

💡 **お手入れ** 腐った部分をすべて取り除きます。水をやる時は慎重に株元の周りにかけて、株の中心部に水が溜まらないように。鉢の水はけもよくしましょう。

## 葉が黄色くなっている？
全体が健康なら、黄色くなったのは古い葉なので切り取ります。多くの葉が黄色い場合は、日当たりがよすぎないか、または室内の温度が高すぎないかチェックしましょう。根腐れのサインの可能性も。

💡 **お手入れ** 熱源から離し、直射日光を避けます。鉢の水はけと根の状態をチェックしましょう。

← 黄色が広がった葉

**アスパラガス・スプレンゲリ**
*Asparagus densiflorus,*
*Sprengeri Group*
同じ種の別品種で、より細く羽根のような葉です。メイリーより少し低い温度(7〜21℃)を好みます。

# ベゴニア・マクラータ

〚 *Begonia maculata* 〛⇒ 和名 木立性ベゴニア

ブラジル生まれの人気者。白い斑のある大きな葉に、夏には垂れ下がるクリーム色の花をつけます。茎をまっすぐに保つため、支柱を立てましょう。

ベゴニア・マクラータ
［高さ］
90cm以下
［幅］
45cm以下

## 枯らさない育て方

### 場所
理想は1年を通して室温18〜21℃。これ以上高温はNG。冬は13℃以上に。

### 日当たり
明るい日陰に置きます。葉が日焼けしないよう、直射日光は避けましょう。

### 水やり・施肥
鉢の土が湿る程度に水を与えますが、夏は少し土が乾くまで間をあけて水をやります。株元に水が溜まらないよう、下から水を吸わせるのがベストです（p.18-19の「水やり」参照）。冬は常に少し土が湿っている程度にしましょう。春から秋には2週間に1度、窒素分の多い肥料を与えます。

### 育て方
ひょろ長く伸びた茎は切り、必要な場合は春に植え替えを。植物全体が均等に育つよう、定期的に鉢を回しましょう。風通しがいいことも大切です。

**虫に注意！**（p.24-27参照）
アブラムシ、アカダニ、コナジラミ、アザミウマがつきやすい。

### 葉が黄色い?
水が多すぎるか少なすぎる、あるいは日当たり不足かも知れません

💡 **お手入れ** 水のやり方と鉢の置き場所を見直しましょう(左ページ参照)。

### 茎や葉にグレーのふわふわしたものがついている?
これは灰色カビ病の菌です。寒すぎる、湿度が高すぎる、混み合っているなどの環境や、葉に水がかかった時に発生します。

💡 **お手入れ** 感染が広がらないよう他のベゴニアから離し、風通しをよくします。感染した部分をすべて取り除き、有機殺菌剤をつけます(p.28-29「植物の病気」参照)。

### 葉に白い粉がついている?
これはうどんこ病といい、乾燥や通風不足で起きることが多いです。

💡 **お手入れ** 感染した部分をすべて取り除き、有機殺菌剤をつけます。詳しくは「植物の病気」(p.28-29)参照。

### 葉が落ちる?
水やりが多すぎるか、暑すぎます。葉が落ちる以外に、茎がひょろっと伸びているなら、日当たりが足りません。

💡 **お手入れ** 直射日光の当たらない、より明るい場所に移動を。温度と水やりの方法を見直します(左ページ参照)。

## ( 同じ育て方の植物 )

**エラチオールベゴニア**
*Begonia*, Eliator Group
様々な色の小ぶりで可愛い花をつけます。花を長く楽しむため、定期的に花がらを摘みましょう。

**レックスベゴニア**
*Begonia rex*
多数の品種があり、深紅や赤、銀、紫、緑などの葉をつけます。カーテン越しなどの日の当たる場所に置くと葉の発色がよくなります。

# 職場におすすめの植物ベスト5

THE HOUSEPLANTS

46

仕事をする場所に緑があると、生産性を上げ、ストレスを減らすと言われます。
科学的な研究で、一部の植物は空気中の毒素を除去することもわかっているのです。
職場に向くのは、コンパクトで日当たりをあまり気にしない植物です。

## ギンヨウ センネンボク

〖 *Dracaena sanderiana* 〗

(和名) ラッキーバンブー

職場を明るく元気にしてくれる植物です。培養土や、コップに水を入れてそこに差し入れるだけでも育ちます。

→ p.70-71「ギンヨウセンネンボク(ラッキーバンブー)」参照。

## ネオレゲリア

〖 *Neoregelia carolinae* f. tricolor 〗

魅力的な植物で、よく茂る葉は花が咲く前にピンク色になります。中心の葉筒の部分に水をいっぱいに入れた状態を保ちましょう。

→ p.49「ネオレゲリア」参照。

## ユーフォルビア・トリゴナ
《 *Sansevieria cylindrica* 》

サンスベリア・フランシシーの仲間で、葉は中空で、まっすぐに伸びます。世話が簡単で、あまり水やりも必要ありません。留守中、しばらく放置しても耐えてくれます。

→ p.117「ユーフォルビア・トリゴナ」参照。

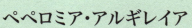

## ペペロミア・アルギレイア
《 *Peperomia argyreia* 》

手軽に熱帯の美しい植物が楽しめるペペロミア。この品種は、葉にスイカを思わせる濃い緑の模様が入っています。

→ p.100-101「ペペロミア・アルギレイア」参照。

## ドラセナ・コンシンネ
《 *Dracaena marginata* 》

世話が簡単な植物で、水やりに気をつかわなくてもよく、空気をよく浄化します。とても背が高くなりますが、幹はとても細いのであまりスペースは取りません。明るい日陰に置きましょう。

→ p.68-69「ドラセナ・コンシンネ」参照。

# ビルベルギア・ヌタンス

〚 *Billbergia nutans* 〛⟶ 和名 ヨウラクツツアナナス

育てるのが最も簡単なブロメリアの1つ。
ハンギング・プランターで
吊り下げてみてもよいでしょう。

> **虫に注意！**
> （p.24-27参照）
> 葉に**コナカイガラムシ**と**カイガラムシ**がつきやすい。

## 枯らさない育て方

### 場所
5〜24℃の室内で育てます。この温度範囲のうち、気温の高い時しか花は咲きません。

### 日当たり
直射日光の当たらない明るい場所に。

### 水やり・施肥
葉の中心で水の溜まる「貯水槽」の役割をする葉筒に、1〜2日汲み置きした水を注ぎます。水は常に深さ2〜3cmを保ちましょう。2・3週間に1度は水を入れ替え、水が腐るのを防ぎます。鉢の土はわずかに湿っている程度を保ちましょう。春夏には月に1度、通常の半分の濃度に薄めた肥料を葉筒に与えます。

### 育て方
湿度を保つため、小石を敷いた皿に水を入れてその上に鉢を置きます。3年ほど経つと花をつけるでしょう。色あせた花はそっと取り除きます。花が終わったら、春に植え替えをします。根もとに子株をつけると、ゆっくり枯れていきます。子株が親株の3分の1のサイズになったら、別の鉢に植えましょう。

> **葉の先が黄色くなっている？**
> 鉢の中で育ちすぎているようです。
>
> 💡 お手入れ 花が終わったら、春に植え替えます。

## 葉の先が茶色くなる？
空気が乾燥しているか、水温のせいかもしれません。

💡 **お手入れ** 暖かい時に、定期的に霧吹きで水をかけます。水は汲み置き水に切り替えます。

## 花からしずくが滴っている？
これは花の蜜です。動かしたり触ったりすると、花から滴ります。このため英名をQueen's Tear(女王の涙)というのです。

💡 **お手入れ** 何もする必要なし！

## ( 同じ育て方 ) の植物

**チランジア・キアネア**
( 和名 ハナアナナス )
*Tillandsia cyanea*

ブロメリアの仲間で、ビルベルギア・ヌタンスと同じように世話しますが、より暖かさを好みます(14～25℃)。

**ネオレゲリア**
*Neoregelia carolinae f. tricolor*

チランジア・キアネアと同じ世話をします。花が咲く前には中央の葉筒の部分が赤くなります。

**ビルベルギア・ヌタンス**
[高さと幅]
50cm以下

## 花が咲かない？
植えてから3年ほどたつまで花をつけません。それ以上成熟しているなら、温度が低すぎるか暗すぎるのかも。

💡 **お手入れ** 明るくてより暖かい場所に移しましょう。ただし直射日光は避けて。

# カラテア・マコヤナ
〚 *Calathea* 〛

ほとんどのカラテアは、育つと美しい模様の入った葉をつけます。葉の裏は深紅になることが多いです。

................................................

### 枯らさない育て方

**場所**
熱帯の植物なので、暖かい室内（16〜20℃）で熱源から離して鉢を置きましょう。室温が急に上下する部屋は避けて。

**日当たり**
半日陰か明るい場所に置き、直射日光を避けます。

**水やり・施肥**
春から秋は常に土の湿った（ただし水浸しでない）状態を保ちましょう。水道水に含まれる化学物質に敏感なため、1〜2日汲み置きした冷たくない水を使います。鉢の水はけがいいかどうか確認して下さい。冬には水やりを控えましょう。春・夏・秋に1度ずつ肥料を与えます。

**育て方**
湿度を保つため、熱源からは離しましょう。他の植物の鉢と一緒に置くことで、湿度を上げることができます。葉にほこりがつかないよう、時々表面を拭いて下さい。植え替えるなら春に。

**虫に注意！**（p.24-27参照）　葉にハダニがつきやすい。

カラテア・ロゼオピクタ
［高さ］24cm以下
［幅］15cm以下

## 葉がしなだれる?

水が多すぎるか少なすぎる、あるいは、寒すぎるか風が当たっているのかもしれません。

💡 **お手入れ** 鉢の土は適度な湿り気が必要ですが、冬には水やりを控えめにしましょう。鉢をより暖かく、風の当たらない場所に移してみましょう。

## 葉の先が縮れている?

水が少なすぎるようです。

💡 **お手入れ** 水のやり方を見直しましょう(左ページ参照)。

## ( 同じ育て方 )の植物

**マランタ**
*Maranta*
夜には、人が手を合わせるように葉を二つ折りにするため、英名をPrayer Plant(祈りの植物)といいます。

葉の縁が茶色になる

## 葉の先端や縁が茶色になる?

空気が暑く乾きすぎている、肥料が多すぎる、与えた水が冷たすぎるなどが考えられます。

💡 **お手入れ** 鉢を熱源から離しましょう。他の鉢と一緒において、湿度を上げます。水は1〜2日汲み置きした水に切り替えて下さい。

**ストロマンテ・サンギネア**
*Stromanthe*
カラテア・マコヤナ以上に高い湿度を好みます。温度は18℃以上を保ち、冷たい水は与えないようにしましょう。

## 葉の色が褪せる、または葉が枯れる?

直射日光が当たっているようです。

💡 **お手入れ** 鉢をもっと日陰に移しましょう。

色の褪せた葉

# オリヅルラン

〖 *Chlorophytum comosum* 'Bonnie' 〗

オリヅルランはとても育てやすい植物です。この品種の葉は捻れてカールするので、コンパクトにまとまります。

---

### 枯らさない育て方

 **場所**
室温は7〜24℃に。

 **日当たり**
明るい部屋の直射日光が当たらない場所に置きます。

 **水やり・施肥**
夏には鉢の土が湿った状態を保ちます。ただし水浸しはいけません。冬は水やりを減らします。春夏は月に1度肥料を与えましょう。

 **育て方**
根詰まりしたら植え替えます。長く伸びた茎の先につく子株は、切り取って新たな株として育てることができます。切り取った子株に根が出ていたら別の鉢に植え、まだ根がなかったら根が出るまで水に浸けておきます。

**虫に注意！**(p.24-27参照) 葉の裏に**アカダニ**と**カイガラムシ**がつきやすい。

---

### 葉の色が薄い？

日当たりが強すぎる、逆に悪すぎる、水不足、低温などで葉の色が薄くなることがあります。

💡 **お手入れ** よく観察して、水やりを欠かさないようにしましょう。また、直射日光は避け、温度をチェックして、冬も十分日が当たるようにします。

### 冬、葉に茶色い筋が入る？

冬に水をやりすぎるとこの症状が出ます。

💡 **お手入れ** 茶色くなった葉は根元から取り除きましょう。冬は鉢の土がぎりぎり湿っている程度まで水を減らします。

### 成長が遅い、または育たない？

日当たりや水、栄養がよくないか、鉢で根詰まりしている場合に起こります。

💡 **お手入れ** 日当たりと水分が十分にあるかチェックし、春夏には肥料を与えましょう。鉢の中で根が混んでいたら植え替えます。

### 葉の先が茶色い?

暑くて乾燥しすぎている、また水と肥料の不足で起こります。

 **お手入れ** 茶色くなった部分をすべて取り除き、鉢を熱源から離すか、もっと湿度の高い部屋に移します。春から夏には定期的に肥料と水を与えましょう。

## ( 同じ育て方 ) の植物

オリヅルラン
[高さ] 20cm以下
[幅] 30cm以下

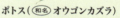

**ポトス（和名 オウゴンカズラ）**
*Epipremnum*

モスポール（水苔支柱）を這い上がったり、鉢から垂れ下がったりして伸びます。

**グレープアイビー**
*Cissus rhombifolia*

葉は艶のある濃い緑で、縁に浅い切れ込みが入ります。ハンギングで垂れ下がったスタイルなど株姿は様々です。

# クンシラン

《 *Clivia miniata* 》

クンシランは南アフリカ原産。
春の初めに赤やオレンジ、
黄色の美しい一本立ちの花を咲かせます。

## 枯らさないために

### 場所
春から秋の終わりまでは暖かい室内に。冬には3ヶ月間、室温10℃ほどの部屋で休眠させます。こうすることでつぼみの成長を促します。その後、春から秋の場所に戻します。

### 日当たり
直射日光の当たらない明るい日陰に。

### 水やり・施肥
春から秋の終わりまでは、鉢の土が湿る程度に。冬には土がほとんど乾くくらいまで水を控えます。春から秋は月に1度肥料をやり、冬は施肥を休みましょう。

### 育て方
時々葉を拭きましょう。花が咲いている間とつぼみをつけている時は、鉢を動かしてはいけません。花が終わったら、枯れた花を付け根から切り取ると、夏の終わりに2番目の花をつけるかも知れません。クンシランは根詰まりしやすいので、根が鉢からはみ出してきたら、花が咲き終わってから植え替えましょう。

---

### 葉がまだらに色抜けした、または茶色くなった？
葉が日焼けしたのです。

💡 **お手入れ**
鉢を直射日光の当たらない場所に移しましょう。

 まだらに色の抜けた葉

---

**虫に注意！**
（p.24-27参照）　葉に**コナカイガラムシ**と**ハダニ**がつきやすい。

---

### 歯の根元が茶色い？
古くなった葉が枯れる時に起こります。

💡 **お手入れ**　これは正常です。茶色くなった葉をそっと引き抜いて下さい。

### 葉が黄色い?

肥料不足か、水が多すぎるか少なすぎるためでしょう。

💡 **お手入れ** 季節に応じた水やりと施肥のしかたを確認しましょう（左ページ参照）。

黄色い葉 →

### 花の柄が短い?
### または春になっても咲かない?

おそらく冬の休眠不足ですが、鉢が大きすぎる時や休眠後の水やりが足りない時にも起こります。

💡 **お手入れ** 休眠後は、鉢の土が湿った状態を保つこと。鉢のサイズも確認して下さい。根と鉢の縁の間が2〜3cm以上あるなら小さい鉢に植え替えを。

**クンシラン**
［高さ］
45cm以下
［幅］
30cm以下

# クラッスラ

〚 *Crassula ovata* 〛→ 和名 **金のなる木**

世話が簡単で寿命の長い、
小さな木のような姿の多肉植物で、
幸運をもたらすと言われます。冬に花をつけます。

---

### 枯らさない育て方

**場所**
室温18〜24℃の明るい窓辺に置きましょう。冬も10℃くらいまでなら耐えられます。

**日当たり**
木漏れ日程度の半日陰に置きます。

**水やり・施肥**
水やりは控えめに。鉢の土の表面2〜3cmが乾いてから水をやります。冬にはさらに水を減らしましょう。春と夏に1度ずつ肥料を与えます。

**育て方**
古くなってしわの寄った葉はすべて取り除きます。春には少し刈り込んで、形を整えましょう。少し重みのある鉢に植え、育って上部が重くなってもひっくり返らないように注意します。

---

**虫に注意!**
(p.24-27参照)

茎と葉に**コナカイガラムシ**がつきやすい。

---

### 葉が変色した?

葉が紫や赤になったら、水不足か日に当てすぎです。黄色くなった場合は水のやり過ぎかも知れません。

💡 **お手入れ** 鉢を置く場所と水のやり方をチェックします。

### 葉が落ちる?

古くなった葉がしなびて落ちるのは自然ですが、環境のストレスがあると若い葉も落ちてしまいます(急に強い日光の当たる場所に移した、水やりが多すぎる・少なすぎるなど)。

💡 **お手入れ** 鉢の土がとても乾いていたら水をやりましょう。逆に土が水浸しのようなら乾くのを待ちます。置き場所を変える時は、植物が慣れられるよう、1週間ほどかけて徐々に置きたい場所に近づけていきましょう。

落ちた葉

### 葉や茎にしわが入った？

水が足りません。

💡 **お手入れ** 数日間続けて、毎日少しずつ水をやりましょう。葉はすぐに元通りふっくらするはずです。ただし土が常に水浸しのままではいけません。

しわの入った葉 →

### ひょろ長く伸びてしまった？

日照不足です。

💡 **お手入れ** もっと明るい場所に移しましょう。

**クラッスラ**
［高さと幅］
1m以下

## 同じ育て方の植物

**グリーンネックレス**
（和名）ミドリノスズ）
*Senecio rowleyanus*

この目を引くつる植物は、クラッスラとほぼ同じ世話のしかたです。

**ハートカズラ**
*Ceropegia woodii*

肉厚な葉を持つハートカズラもクラッスラと同じ世話のしかたでよく、ハンギング・プランターに最適です。

# クテナンテ・ブルーマルクシー

《 *Ctenanthe burle-marxii* 》

英語の別名をFishbone Prayer Plant（魚の骨模様のマランタ）と言う通り、葉に濃い緑の縞模様があり、葉の裏は赤色です。
夜には祈る時に手を合わせるように葉を巻き上げます。

## 枯らさない育て方

### 場所
熱帯雨林原産の植物で、熱源から離した上で室温16〜20℃に保つ必要があります。夜間は冷えるなど急な温度変化のある部屋は避けましょう。

### 日当たり
明るい日陰に鉢を置きます。直射日光は避けること。

### 水やり・施肥
春から秋を通して、常に鉢の土の湿り気を保ち、ただし水浸しにならないようにしましょう。冬には土の表面の少し下まで乾いてから水をやるようにします。鉢の水はけはよくしておくこと。水は1〜2日汲み置きした水を使います。春から秋は、月に1度配合肥料を与えます。

### 育て方
湿らせた布で葉を拭いてほこりを取ります。2・3年に1度、または根詰まりを起こしたら植え替えましょう。熱源からは離して置いて下さい。

**虫に注意！** コナカイガラムシとアカダニがつきやすい。（p.24-27参照）

### 葉が巻いてしまう？
もっと水が必要か、温度が高すぎます。

💡 **お手入れ** 水やりを増やします。ただし鉢の水はけをよくし、土が水浸しにならないように。鉢を熱源から離します。

### 葉の先や縁が茶色くなっている?

冷たい水を与えているか、肥料が多すぎるか、部屋が暑くて乾きすぎています。

💡 **お手入れ** 鉢を熱源から離しましょう。水は1〜2日汲み置きした水に切り替えます。

### 同じ育て方の植物

**クロトンノキ**
*Codiaeum variegatum*

クテナンテと同じような世話が必要ですが、より高湿を好みます。また、温度変化も避けなければなりません。

**クテナンテ**
[高さ] 60cm以下
[幅] 45cm以下

### 葉の色が褪せる、または抜ける?

直射日光が当たっています。

💡 **お手入れ**
日陰に移しましょう。

# シクラメン

《 *Cyclamen persicum* 》

シクラメンは魅力的な室内向きの植物。
秋から春まで、
色鮮やかな花が華やかです。

## 枯らさない育て方

### 場所
シクラメンは秋につぼみのついたものを買うと、涼しい部屋で数ヶ月間花を咲かせ続けます。高温は好みませんが、凍り付くほど寒いのもだめ。10〜15℃を保つのがベストです。

### 日当たり
直射日光は避けましょう。北向きの窓際が理想的。

### 水やり・施肥
鉢の土がわずかに湿っているようにしましょう。鉢を、水を入れた皿に載せて30分ほど置き、下から水を吸わせます（p.18-19「水やり」を参照）。こうすれば葉や茎が濡れるのを防げます。

### 育て方
花がらや枯れた葉は、引き抜くかハサミで切って取り除きます。たいていは花が終わると処分されてしまいますが、上手く育てれば何年も年を越させることもできるのです。

↖ 黄色くなった葉

### 葉が黄色い？
高温、乾燥、多湿、あるいは直射日光に当たったかのいずれかです。春なら枯れるのは自然です。

💟 **お手入れ** 変色した葉を取り除き、直射日光の当たらない、気温15℃ほどの場所に移します。土はわずかに湿る程度を保ち、下から給水させます（p.18-19「水やり」を参照）。

## 花が少ない?

気温は低めの方がよく咲きます。気温が高いと早く休眠状態に入ってしまうからです。また、シーズンの終わりには花が咲かなくなります。

💡 **お手入れ** 花を咲かせるには、鉢の置き場が暖かすぎないかチェックしましょう。世話のしかたが合っているかも確かめます。秋にシクラメンを買う時には、つぼみをたくさんつけているものを選びましょう。つぼみが多ければ、古い花が色あせても次々と花が開くので、長く花を楽しめる植物です。

## ( 同じ育て方 の植物 )

**アザレア**
*Rhododendron simsii*

常に土が湿っている状態を保ちましょう。たくさん花を咲かせるには涼しい場所に置く必要があります。

## 全体が弱って しなだれている?

水が多すぎるか少なすぎる、または中心部が腐っています。

💡 **お手入れ** 茎の付け根の中心部が腐っていないか見てみましょう。腐った部分は取り除きます。詳しくは「植物の病気」(p.28-29) 参照。中心が腐っていたら、復活は難しいでしょう。

→ 中心が腐っている

**シクラメン**
[高さ] 25cm以下
[幅] 20cm以下

## もう花が咲かない?

シクラメンは枯れて、夏の間休眠します。

💡 **お手入れ** 春に花をつけなくなり、葉が黄色くなってしおれたら、水やりをやめます。夏の間、鉢を屋外の乾燥した日陰に移し、土がわずかに湿っている程度を保ちましょう。お住まいが雨の多い地域なら、鉢を寝かせて雨水が流れ出るようにします。秋に鉢を室内に戻し、再生していたら水やりを再開します。

# ディフェンバキア
〚 *Dieffenbachia seguine* 〛

ディフェンバキアの鮮やかな緑とクリーム色の葉は、暗い部屋の隅もぱっと明るくしてくれます。でも、葉の液にシュウ酸カルシウムを含み、触れると痒みや水ぶくれを起こすので注意しましょう。

## 枯らさない育て方

 **場所**
室温16〜24℃の暖かい部屋に置きましょう。冷たい風や乾燥は苦手です。

 **日当たり**
夏には半日陰に。冬にはより明るい場所に移します。

 **水やり・施肥**
春から秋は、鉢の土の表面2〜3cmが乾いたら水をやりましょう。冬には水を減らします。肥料は月に1度与えましょう。

 **育て方**
葉に定期的に霧吹きで水をかけ、鉢皿に小石を敷いて、水を入れた上に鉢を載せて、湿度を保ちます。月に1度葉を拭いてあげましょう。植え替えるなら春に。

**虫に注意！**（p.24-27参照）
茎に**コナカイガラムシ**がつきやすい。

---

### 下の葉が黄色くなる？
おそらく温度が低すぎるか、冷たい風が当たっています。

💡 **お手入れ** より暖かい部屋の、風の当たらない場所に移しましょう。

### 葉の色が薄い？
明るすぎるか、直射日光に当たると、葉が色あせて色落ちします。

💡 **お手入れ** もう少し暗いところに移しましょう。

> **葉が落ちる？**
> 置き場所が寒すぎるか、風が当たっています。
>
> 💡 お手入れ　すき間風が当たっていないか確認し、より暖かい場所に移しましょう。

> **葉の端が茶色くなる？**
> 鉢の土が乾きすぎているか、部屋が乾燥または低温になっているのかも。また、これまで肥料が多すぎたのかもしれません。
>
> 💡 お手入れ　土が湿るまで水を与えます。ただし水浸しにならないように。土の表面2～3cmが乾くまで、水やりの間隔をあけること。鉢の周りの湿度を上げたり、より暖かい場所に移したり、施肥のしかたを見直したりしてみましょう（左ページ参照）。

**フェンバキア**
[高さと幅]
60cm以下

## （同じ育て方の植物）

**シンゴニウム**
*Syngonium podophyllum*
ディフェンバキアと同じように育てましょう。這い上がったり垂れ下がったりするので、ハンギング・プランターに最適です。

**オキザリス**
*Oxalis triangularis*
美しい植物で、ディフェンバキアと同じような世話が必要です。球根性なので冬には枯れます。

# ハエトリグサ

〚 *Dionaea muscipula* 〛

魅惑的な食虫植物で、虫がとまると
さっと葉が閉じて捕まえる仕組みです。
捕まった虫はゆっくりと消化吸収されます。

## 枯らさない育て方

 **場所**
室温7〜21℃のやや暖かい部屋で、南向きの窓際に置きましょう。冬には暖房のない部屋で休眠させます（7℃）。

 **日当たり**
明るくし、適度に直射日光に当てる。

**水やり・施肥**
成長する季節は鉢の土の湿り気を保ち（水を入れた鉢皿に鉢を載せる）、休眠中はわずかに土が湿っている程度にします。水は1〜2日汲み置きしたものを。捕まえた昆虫から栄養を摂るので、肥料を与えてはいけません。室内に虫がいないなら、暖かい季節には時々数日間屋外に出して、虫が捕れるようにしましょう。

 **育て方**
非常に養分の少ない、ピートモスとパーライトを等分に混ぜた「土」に植えます。捕虫器が枯れたらハサミで切り取りましょう。全体が弱るので、花も切るのがベストです。必要なら春の初めに植え替えを。

緑になってだらんと
垂れ下がった捕虫器

### 赤い捕虫器が
### 緑になってだらんとしている？

これは水のやり方か湿度が合っていないサインです。すぐに対処しないと、全体が急に枯れてしまうかもしれません。

 **お手入れ** 葉に霧吹きで水をかけて湿度を上げます。水のやり方を見直しましょう（左ページ参照）。

### 捕虫器が
### 黒ずんできた？

秋冬には休眠するので、捕虫器が枯れて落ちることはよくあります。

**お手入れ** これは正常です。冬が終わって成長を再開すると、新しい捕虫器をつけます。

### 捕虫器が黄色、茶色、黒くなった?

暗い場所から非常に明るい場所に急に移すと、こうなることがあります。

💡 **お手入れ**　1週間かけてゆっくりと明るい場所に移し、植物を慣れさせて下さい。

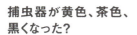
← 焼けた葉

### 捕虫器が閉じなくなった?

面白がって何度も捕虫器に触れたためでしょう。

💡 **お手入れ**　それぞれの捕虫器は、一生で4・5回しか閉じません。触れて遊びたくなっても我慢して。

## ( 同じ育て方 の植物 )

**サラセニア**
*Sarracenia*

虫を引きつけて筒の中に落とし、溺れさせます。ハエトリグサと同じように世話をしましょう。

**虫に注意!**
(p.24-27参照)
アブラムシとハダニがつきやすい。

**ハエトリグサ**
［高さ］
45cm以下
［幅］
15cm以下

**ウツボカズラ**
*Nepenthes*

鮮やかな色の壺のような部分で、虫を捕らえます。

# 日当たりのいい部屋でよく育つ植物ベスト5

多くの鉢植えの植物では、日差しで葉が焼けてしまいますが、砂漠原産のサボテンや多肉植物など、日光が大好きな植物もあります。

鉢を徐々に明るい方に移し、夏の日中の強すぎる日差しはレースカーテンなどで遮りましょう。いろいろな鉢を並べて育てると素敵です。
この5種で試してみては。

### エケベリア
《 Echeveria 》

放射状に広がる多肉植物で、多少の直射日光にも耐えます。黄色やオレンジ、ピンクなどの美しい釣り鐘状の花をつけます。
→ p.72-73「エケベリア」参照。

### ウチワサボテン
《 Opuntia microdasys 》

サボテンの形とサイズは本当に様々。このサボテンはメキシコ原産で、東アフリカの一部でも帰化しました。ですから強い日光が好きでも何の不思議もないのです！
→ p.98-99「ウチワサボテン」参照。

## クラッスラ
《 *Crassula ovata* 》

たっぷりの日当たりが必要で、多少の直射日光にも耐える植物です。買った時はとても小さいことが多いので、日当たりのよい窓辺が最適。寿命が長く何年ももち、毎冬小さな花をつけます。
→ p.56-57「クラッスラ」参照。

## アロエベラ
《 *Aloe vera* 》

トゲのある多肉植物で、非常に明るい場所を好み、多少の直射日光が当たっても大丈夫です。成熟すると根元に子株をつけます。
→ p.38-39「アロエベラ」参照。

## ハエトリグサ
《 *Dionaea muscipula* 》

この面白い植物はたっぷりの日当たりと、ある程度の直射日光が必要です。虫が開閉する葉にとまるとさっと閉じ、内側に閉じ込めてしまいます。
→ p.64-65「ハエトリグサ」参照。

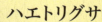

# ニオイセンネンボク

〚 *Dracaena fragrans* 〛→ 和名 幸福の木

ヤシの葉のような葉を伸ばすニオイセンネンボクは、
室内でよく育つ観葉植物で、
あまり水やりに気を遣わなくても大丈夫です。

## 枯らさない育て方

**場所**
室内の東向きか西向きの窓際の、13〜21℃の場所に置きましょう。

**日当たり**
直射日光には当てないこと。

**水やり・施肥**
春から秋は、鉢の土の表面2〜3cmが乾いたらたっぷり水をやります。冬には土がわずかに湿っている程度にしましょう。春から秋には月に1度肥料を与えますが、冬には与えません。ある程度なら水をやったりやらなかったりしても耐えてくれます。

**育て方**
時々葉を拭き、枯れた葉は引き抜きます。湿度を必要とする植物なので、小石を敷いた鉢皿に水を入れて鉢を載せ、週に何度か霧吹きで水をかけてやりましょう。

**虫に注意!**（p.24-27参照）　葉にカイガラムシとコナカイガラムシがつきやすい。

---

**葉がしなだれている?**
水が多すぎるか少なすぎるようです。根も腐っているかも知れません。

💡 **お手入れ**　正しく水やりをしているかチェックします（左記参照）。鉢の水はけもよく確かめて。もし問題が続くなら、根腐れがないか調べて、腐った部分をすべて取り除きます。「植物の病気」（p.28-29）も参照。

### 葉の先が茶色くなった?

葉の先や縁が茶色いのは、肥料が多すぎるか、水のやり方がよくないからでしょう。室温と温度差のある水にも敏感です。

💡 **お手入れ** 水のやり方を見直し、水をやる季節には1〜2日汲み置きした水を使いましょう(左ページ参照)。

### 葉の根元が黄色い?

それぞれの葉は、2・3年経つと自然に黄色くなって落ちます。

💡 **お手入れ** ご心配なく! 黄色くなった葉をそっと引き抜くだけで大丈夫です。

黄色くなった葉

**ニオイセンネンボク**
[高さ] 1.5m以下
[幅] 75cm以下

## ( 同じ育て方 ) の植物

**ドラセナ・コンシンネ**
*Dracaena marginata*

ニオイセンネンボクと同じ世話のしかたです。細く高く育つので、あまりスペースがない室内におすすめです。

**ドラセナ・レフレクサ**
*Dracaena reflexa*

よく茂るヤシのような葉は、茎に巻き付くように仕立てることができます。

# ギンヨウセンネンボク

〖 *Dracaena sanderiana* 〗→ 和名 ラッキーバンブー

風水で人気の植物で、
茎をねじれさせた状態でよく売られています。
土でも水栽培でも育てられます。

## 枯らさない育て方

### 場所
室温は16〜24℃、冬も10℃以下にならないようにしましょう。風の当たる場所や温度変化の大きい場所は避けて。

### 日当たり
明るいけれども直射日光の当たらない場所に置きます。

### 水やり・施肥
水道水に含まれる化学物質に敏感なので、水やりには1〜2日汲み置きした水を使いましょう。土で育てる場合は、土を触って少し乾いていたら水をやります。冬には水を控えて下さい。春と夏に1度ずつ肥料を与えます。水栽培にするなら、2・3ヶ月に1度、薄めた肥料を与えて下さい。

### 育て方
土で育てる場合は、2年に1度植え替えます。水栽培なら少なくとも水深を5cm確保し、根が水中にあるようにしましょう。水換えは毎週、ぬるい水温で行います。

---

### 葉の先が茶色くなった?
鉢栽培でも水栽培でも、これは水道水の化学物質か部屋の乾燥が原因です。

お手入れ 与える水は、1〜2日汲み置きした水を使いましょう。湿度が低すぎるようなら、2、3日に1度、葉に霧吹きで水をかけます。

---

### 水に藻が生えている?
水栽培の際に起きることで、透明の容器に入れていると水に日光が当たることで発生します。

お手入れ 容器と中の小石をきれいにしましょう。半透明の容器にした方がいいかもしれません。水は1〜2日汲み置きした水を使います。直射日光は避けましょう。

**葉が広がった、または色が薄い?**
日当たりが足りません。

💡 お手入れ　もっと明るい場所に移しましょう。

**虫に注意!**
(p.24-27参照)
葉にコナカイガラムシとアカダニがつきやすい。

**葉が黄色くなった?**
温度変化が大きすぎたか、日当たりがよすぎるか、肥料が多すぎるか、水不足のいずれかでしょう。

💡 お手入れ　直射日光を避け、温度を一定に保ちます。水のやり方を見直し、必要なら施肥を減らして下さい。

**茎が黄色くなった?**
水不足か、水が濁ったか、肥料のやり過ぎか、温度変化が大きすぎたか、日当たりがよすぎるか、逆に日当たりが悪いかのいずれかが原因です。黄色くなった茎は治りません。

💡 お手入れ　黄色くなった茎はすぐに取り除いて下さい。水と肥料のやり方を見直しましょう。水栽培なら、新たに汲み置きした水に交換します。

← 黄色くなった茎

ギンヨウセンネンボク
[高さ] 90cm以下
[幅] 10cm以下

# エケベリア

〖 *Echeveria* 〗

この多肉植物には多くの品種がありますが、どれも長い茎の先に小さな花をつけます。

### 枯らさない育て方

**場所**
室温は10〜24℃を保ちます。鉢の土が濡れすぎていなければ、もう少し低い温度にも耐えられます。

**日当たり**
たっぷりの日当たりを好みます。少しずつ慣らせば、多少の直射日光が当たっても大丈夫。

**水やり・施肥**
春から秋は、鉢の土の表面2〜3cmが乾いたら水をやります。冬には水を減らしましょう。春夏は月に1度肥料を与えます。

**育て方**
鉢の土の上に砂の層を作りましょう。こうすると根元の乾燥が保てる上、全体の見栄えもよくなります。大きすぎる鉢はよくありません。多少根詰まりしても元気でいられるので、ほどほどの鉢で育てましょう。水はけをよくするため、鉢に植える際に少し園芸用の砂を加えます。若い間は、成熟した大きな株よりこまめにお手入れを。夏には屋外に出すといいでしょう。

---

**根元の葉が乾いてかさかさしている?**
古くなった葉が枯れていくだけです。普通のことで、心配は要りません。

💡 **お手入れ** 枯れた葉をそっと取り除きましょう。

---

**葉がまだらに色抜け、または茶色くなった?**
日焼けか、葉に水滴が集まったところが腐ったのかもしれません。

💡 **お手入れ** 鉢を直射日光の当たらない場所に移します。葉に水はかけないこと。必要なら鉢の下から水を吸わせます(p.18-19「水やり」参照)。

---

**虫に注意!** (p.24-27参照)
葉に**コナカイガラムシ**がつきやすい。夏に屋外に出していたなら、土の中に入り込んだ**キンケクチブトゾウムシ**にも気をつけて。

> **葉が黄色い、
> 色が抜けた、
> またはべっとりしている?**
> まず間違いなく水のやり過ぎです。うまく対処しないと全体が腐ってしまいます。
> 💡 **お手入れ** 水やりを減らし、土と鉢の水はけをチェックして下さい。

> **葉にしわが入った?**
> 水不足です。
> 💡 **お手入れ**
> 数日間、毎日軽く水やりをしましょう。すぐに葉が元通りふっくらするはずです。

## （同じ育て方）の植物

**アエオニウム**
*Aeonium*
この放射状に育つ多肉植物も、エケベリアと同じように育てられます。様々な色があります。

**フォーカリア**
*Faucaria*
この多肉植物も、エケベリアと同じように育てられます。葉のトゲが痛そうですが、鋭くないのでご心配なく。

エケベリア
［高さと幅］
10cm以下

# ポインセチア

〚 *Euphorbia pulcherrima* 〛

ポインセチアの赤い包葉は、クリスマスらしさを盛り上げます。寒さにさらすと枯れてしまうので、家に持ち帰る時も全体をくるんで寒さにあてないようにしましょう。

---

### 枯らさない育て方

**場所**
鉢を15〜23℃の暖かく日当たりのよい場所に置き、冷たい風や熱源から離します。室温は一定に保つこと。

**日当たり**
明るく、直射日光の当たらない場所を選びます。

**水やり・施肥**
鉢の土が湿るくらいで、水浸しにならない程度に水をやります。土の表面1〜2㎝が乾くまで水やりの間隔をあけましょう。余分な水は鉢底から全部流れ出るように。

**育て方**
湿度のある方が包葉が長持ちするので、乾燥する暖房器具などの熱源からは離しましょう。

色の薄い包葉

### 葉や包葉の色が薄い？
古くなった葉なら自然です。日当たりが悪い時や暑すぎる時にも起こるので注意。

💡 **お手入れ** 鉢をより明るい場所に移しましょう。部屋が23℃より暖かいなら、もう少し涼しいところに。

### 葉や包葉の先や縁が茶色くなった？
乾燥しすぎています。

💡 **お手入れ** 葉にたびたび霧吹きで水をかけて下さい。特に暖房のある部屋に置いている時は必要です。

---

**虫に注意！**
（p.24-27参照）
葉に**コナカイガラムシ**と**ハダニ**がつきやすい。

### 葉が黄色い、またはしなだれている?

暑くて乾燥しすぎているかも知れません。あるいは日当たりか水が足りないのかも。

💡 **お手入れ** 近くに熱源がないか、十分日当たりがあるかチェックしましょう。鉢の土が乾いていたら水やりを。

### 包葉がつかない?

春には包葉の色が褪せますが、翌年また色づかせることができます。

💡 **お手入れ**
春の盛りに、高さ10cmほどに切り戻し、植え替えて水をやりましょう。夏は涼しくて(約15℃)明るい場所に置き、ただし直射日光には当てないようにします。秋の初めの10週間、夜間の14時間は鉢をクローゼットに入れるか、黒いビニール袋を被せます。日中はクローゼットから出す、または袋を取るのを忘れずに。こうすると、クリスマス頃にまた色づくはずです。

**ポインセチア**
[高さと幅]
60cm以下

### 全体がしなだれて、葉が落ちる?

株が弱っていると葉が落ちます。また、寒さや冷風にさらされたか、水のやり過ぎか少なすぎ、突然環境が変わったためなどが考えられます。

💡 **お手入れ** 水が足りないようなら、鉢ごと1時間ぬるい水に浸けると、すぐ回復します。水のやりすぎなら、根腐れしていないか確かめて腐った部分は取り除き、(p.28-29「植物の病気」参照)土が乾くまで水はやらないこと。鉢は、暖かく、風の当たらない場所に置きます。寒さにさらされると枯れる可能性が高いです。

# カシワバゴムノキ
《 *Ficus lyrata* 》

葉の多いエキゾチックな木で、お部屋にジャングルのような雰囲気を出してくれます。

全体図

### 枯らさない育て方

**場所**
暖かい部屋の(18〜24℃)明るい場所に置き、熱源や風にさらされないようにします。冬も13℃以下にはしないこと。移動を好まないので、適した場所を見つけたら、そこから動かさないようにしましょう。

**日当たり**
明るい場所に。ただし直射日光が当たると、葉が日焼けしてしまいます。

**水やり・施肥**
春から秋は、鉢の土の表面2〜3cmが乾いた時だけ水をやります。冬にはさらに水を減らします。春夏には月に1度肥料を与えましょう。

**育て方**
支柱が必要になるかも知れません。株が若いうちは毎春一回り大きい鉢に植え替えて下さい。成熟したら、鉢の土の表面5cmだけを取り替えます。

---

**虫に注意!**
(p.24-27参照)
葉に**コナカイガラムシ**と**カイガラムシ**と**ハダニ**がつきやすい。

---

### 突然葉が落ちる?

葉が何枚も突然落ちるのは、植物を移動させてストレスを与えたためでしょう。あるいは、部屋が乾燥している、水と肥料が多すぎるか少なすぎる、温度が合わない、風が当たるなどが考えられます。

💡 **お手入れ** 鉢を移動させないこと。最近動かしていなければ、場所と水やり、施肥を見直してみましょう。

### 葉が茶色くなる?

おそらく湿度が低すぎるか、水のやり方があっていません。

💡 **お手入れ** 熱源や風の当たる場所から離します。水やりは定期的に。根全体が濡れすぎていないか確かめましょう。

**カシワバゴムノキ**
[高さ]
3m以下
[幅]
1m以下

すすかび病

### 葉に黒い斑点やシミが出る?

黒い斑点は日焼けでしょう。小さな黒いシミは炭疽病かもしれません。

💡 **お手入れ** 直射日光が当たらないようにします。病気になった葉をすべて取り除き、殺菌剤で処置します（p.28-29「植物の病気」参照）。

（ 同じ育て方の植物 ）

**ベンジャミン**
*Ficus benjamina*
カシワバゴムノキと同じ世話をします。風の当たる場所や熱源から離し、鉢を移動させないようにしましょう。

**インドゴムノキ**
*Ficus elastica*
カシワバゴムノキと同じで世話は簡単です。頻繁に葉を拭きましょう。水はやりすぎないこと。

# フィットニア

〚 *Fittonia* 〛

ペルーの熱帯雨林で発見されたフィットニアは、印象的な模様のある葉をつけます。濃いピンクの葉脈がより発達するよう品種改良されました。

フィットニア
[高さ]
15cm以下
[幅]
不定

## 枯らさない育て方

### 場所
暖かさを好むので、室温は15〜23℃にしましょう。室温が一定なら、キッチンのような場所が理想的です。テラリウムで育てるのにも向いています。

### 日当たり
明るすぎるのは苦手なので、半日陰に置きましょう。たいていの窓辺は明るすぎます。

### 水やり・施肥
春から秋は、鉢の土の表面1cmが乾いたら、ぬるい水をたっぷりやりましょう。ただし余分な水は全部流れ出るように。冬には水を減らし、土が濡れすぎて冷たくならないようにします。

### 育て方
小石を敷いて水を入れた鉢皿に鉢を載せます。毎日葉に霧吹きで水をかけ、十分な湿度を保ちましょう。

**虫に注意！**
（p.24-27参照）
アブラムシがつきやすい。

若い葉の裏に
アブラムシがつく

## 同じ育て方の植物

### 全体がしなだれてしまった？
土が乾きすぎると、しなだれてしまうことが多い。

💡 **お手入れ** 十分水をやり、葉に霧吹きで水をかけましょう。水のやり方が正しいか確認すること（左ページ参照）。土が長い間乾いてしまっていたら、回復しないかも知れません。

### 葉の先が茶色くなった？
これは湿度が低いせいです。

💡 **お手入れ** 定期的に葉に霧吹きで水をかけ、小石を敷いて水を入れた皿に鉢を載せましょう。

### 葉が黄色くなった？
おそらく水のやり過ぎです。

💡 **お手入れ** フィットニアは水分が必要ですが、土が水浸しなのはよくありません。黄色くなった葉を取り除き、土が乾くまで水やりの間隔を空けるようにしましょう。

黄色くなった葉

**ギヌラ**
*Gynura aurantiaca*
ギヌラの葉は撫でたくなるようなビロードのような質感です。フィットニアと同じ世話のしかたですが、明るさを好みます。

**ヒポエステス**
*Hypoestes*
フィットニアと同じような世話が必要ですが、もっと明るい光でも耐えられます。テラリウムに向きます。

# アイビー

《 *Hedera helix* 》

多くの鉢植え植物と異なり、アイビーは涼しいのがベストです。
ですから、このタフなつる植物は
ひんやりした部屋を飾るのにぴったりなのです。

## 枯らさない育て方

### 場所
涼しい部屋、むしろ寒いくらいの部屋（2〜16℃）に鉢を置きましょう。支柱に巻き付かせる、ハンギング・プランターに植える、鉢を棚に置くなどの飾り方ができます。暖房のないポーチや、風の入る玄関先などに向きます。

### 日当たり
明るいけれども直射日光の当たらない場所に。葉が単色の品種はもっと暗くても大丈夫です。

### 水やり・施肥
春から秋は、鉢の土が湿った状態を保ちます。ただし土が水浸しにならないよう、鉢の土の表面2〜3cmが乾いたら水をやります。冬には水を減らしましょう。春夏には月に1度肥料を与えます。

### 育て方
暖かい間は全体に霧吹きで水をかけましょう。根が鉢に詰まったら、春に植え替えます。

### ひょろっと伸びてしまった？
部屋が暖かすぎるか、日当たりが足りません。

#### お手入れ
鉢を涼しく、明るい場所に移しましょう。徒長した部分を切り、もっと葉が茂るように促します。

アイビー
[高さと幅]
30cm以下

### 葉の先や縁が茶色くなった？
部屋が暖かく乾燥しすぎていると、葉が茶色くなります。

💡 **お手入れ** 鉢をより涼しく、湿度の高い場所に移しましょう。特に暖房のある部屋や、暖かい天候が続いた時には気をつけて。

葉の縁が乾いて茶色に

### 多色の葉が緑1色になってしまった？
日当たりが足りません。

💡 **お手入れ** もっと明るい場所に移しましょう。

多色の葉が1色に

ハダニがいるサイン

**虫に注意！** (p.24-27参照)
葉にハダニがつきやすい。

## （同じ育て方 の植物）

**アオキ**
*Aucuba japonica*
この常緑樹はアイビーと同じように育てられます。ポーチや玄関先など、涼しい場所にぴったりです。

**ヤツデ**
*Fatsia japonica*
これもアイビーと同じように育てられる常緑樹です。

# アマリリス

〖 *Hippeastru* 〗

球根が栽培キットで販売されることが多く、
適切に育てると、
翌年鮮やかな花をつけます。

 枯らさない育て方

**場所**
球根を植えた鉢は20℃前後の明るい場所に置き、風は当たらないようにします。花が咲いたら、長く楽しむために、少し温度の低い場所に移しましょう。

 **日当たり**
明るいけれども直射日光の当たらない場所に。

 **水やり・施肥**
鉢の土が水浸しにならない程度の湿り気を保つこと。月に1度肥料を与えます。

**育て方**
アマリリスは土と鉢のセットで販売されることが多いです。秋か冬に球根を植えますが、鉢が大きすぎないよう気をつけましょう。汎用の土に、水はけのためパーライトを加えます。球根全体を埋めないこと。球根の先と「肩」が土から出ていなければいけません。植えてから6〜8週間で花が咲くはずです。光の方に向かって伸びないよう、定期的に鉢を回しましょう。

---

**虫に注意!**
（p.24-27参照）

葉の両面と茎全体に**コナカイガラムシ**がつきやすい。

---

**花がつかない?**

アマリリスの花は春には枯れますが、翌年の冬か春にまた咲かせることができます。

💡 *お手入れ* 花が咲き終わったら、花のついた茎を球根上5cmまで切り戻し、水と肥料を通常通り与えます。秋の初めに10〜13℃の部屋に入れて、休眠させましょう。葉は枯れてしまいます。8〜10週間休眠したら、鉢の土の表面5cmを入れ替え、暖かい部屋に戻して、元通り水と肥料を与えて下さい。その後6〜8週間でまた花が咲くはずです。

[アマリリス]
[高さ]
60cm以下
[幅]
30cm以下

### 花のつく茎がなかなか伸びない?

鉢を置いた部屋が涼しすぎたのかもしれません。

💡 **お手入れ** 鉢をより暖かい場所(20℃前後)に移します。土が湿っているけれども水浸しではない状態を保つようにチェックします。

### 翌年の冬に花がつかない?

休眠が十分でなく、正しい環境でなかったのかもしれません。

💡 **お手入れ** 休眠期間を8〜10週間取ってから、十分明るくして、適切な世話をしましょう(左ページ「花がつかない?」の項を参照)。

# ケンチャヤシ
〚 *Howea fosteriana* 〛

19世紀から人気。
手のかからないヤシで、
おうちを優雅に見せてくれます。

## 枯らさない育て方

### 場所
室温は18〜24℃、冬も12℃以上を保つようにしましょう。熱源からは離すこと。

### 日当たり
明るいけれども直射日光の当たらない場所に。直射日光が当たると葉が色落ちします。

### 水やり・施肥
春夏は、鉢の土が湿った状態を保ちます。少し土が乾く程度に水やりの間隔をあけましょう。冬は水を減らします。春夏には月に1度肥料を与えます。

### 育て方
定期的に葉をきれいにしましょう。ぬるいシャワーをかけるか、夏なら雨に当てます。根が土の上にはみ出すか、鉢の底穴から出てきた時だけ植え替えます。根はデリケートで傷みやすいので、植え替える時は慎重に。

全体図

### 葉の先が茶色くなっている?
暑くて乾燥した部屋だとなることがあります。風が当たっていたり、水が多すぎる・少なすぎる場合も。

💡 お手入れ　鉢が熱源の近くにあったら離しましょう。室温が低すぎないかチェックし、土が乾いていたら水やりを。葉の茶色くなった部分のぎりぎり内側から、はさみで切り落とします。

## 虫に注意!
(p.24-27参照)

葉に**カイガラムシ**、**コナカイガラムシ**、**ハダニ**がつきやすい。

## 葉に元気がない?
湿度が低いと、葉の艶がなくなります。

**お手入れ** 熱源から離し、こまめに葉に霧吹きで水をかけましょう。

## 葉が黄色くなった?
下の方の葉が黄色くなるのは、古くなったからです。全体に広がっていたら、水のやり過ぎ・少なすぎ、冷たい風、肥料不足、根詰まりなどのサインかも。

**お手入れ** 世話のしかたを見直しましょう(左ページ参照)。

## 葉が茶色くなった?
古い下葉は、自然に枯れます。植え替えが必要か、水が多すぎないかチェック。

**お手入れ** 枯れた葉は、はさみで切り取ります。水のやり方を確認しましょう(左ページ参照)。

ケンチャヤシ
[高さ] 1m以下
[幅] 80cm以下

## 同じ育て方の植物

**テーブルヤシ**
*Chamaedorea elegans*

ケンチャヤシと同じ世話のしかたで育てやすいヤシの仲間です。小ぶりで、高さは1m程度にしかなりません。

**アレカヤシ**
*Dypsis lutescens*

これも同じ世話で育つヤシの仲間です。日当たりと多湿の環境を好みます。

# 明るいバスルームに向く 植物ベスト5

窓があるバスルームには植物を置いてみるのもよいでしょう。
みずみずしく、爽やかな雰囲気を演出できます。
多くの植物は、バスタブやシャワーからの高い湿度が大好き。
おすすめの美しい植物を5つご紹介しましょう。

### フィットニア
《 *Fittonia* 》

熱帯雨林原産の植物で、葉脈の美しい葉をつけます。高い湿度が大好きなので、バスルームにぴったり。半日陰に置きましょう。
→ p.78-79「フィットニア」参照。

### アジアンタム
《 *Adiantum raddianum* 》

高い湿度を好みます。たっぷり茂る葉は繊細で、やさしく心地よい雰囲気です。
→ p.105「アジアンタム」を参照のこと。

## ギヌラ
《 *Gynura aurantiaca* 》

美しい植物で、柔らかくビロードのような葉をつけます。成熟すると垂れ下がるように。湿度と日当たりを好むので、バスルームの窓のそばに置きましょう。
→ p.79「ギヌラ」参照。

## タマシダ
《 *Nephrolepis exaltata* 》
和名 ボストンファーン

タマシダは湿度の高い部屋でよく育つので、バスルームにぴったりです。弧を描いて垂れる葉は、特にハンギング・プランターにおすすめ。
→ p.93「タマシダ」参照。

## ホヤ
《 *Hoya carnosa* 》
和名 サクララン

このつる植物は、ロウを塗ったような美しい花をつけます。夜に放つ香りは、リラックスしたバスタイムに最適。たっぷりの日当たりと湿度が必要なので、明るいバスルームに置きましょう。
→ p.88-89「ホヤ」参照。

# ホヤ

〘 *Hoya carnosa* 〙 → 和名 **サクラララン**

このつる植物は美しい花をつけ、
夜には特に芳香を放ちます。

全体図

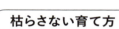

### ✓ 場所
支柱やトレリスで育て、室温は18〜24℃、冬も10℃以上を保ちましょう。とても大きくなることがあるので、広いスペースが必要です。

### ☀ 日当たり
明るいけれど直射日光の当たらない場所に。直射日光が当たると葉が色落ちします。

### 💧 水やり・施肥
春から秋は、鉢の土の表面2〜3cmが乾いたら水をやります。土が湿っているけれども水浸しにならないようにしましょう。冬は土をほとんど乾かしておいて構いません。春から夏の終わりには月に1度肥料を与えます。

### 🪴 育て方
水はけのよい土を使います。湿度を上げるため、小石を敷いた皿に水を入れ、その上に鉢を載せましょう。葉に霧吹きで水をかけます。暑い部屋ではこまめに霧吹きを。ただし、つぼみや花をつけたら、霧を吹いたり、動かしたり植え替えたりしてはいけません。毎春、鉢の土の表面5cmを新しい土と入れ替えましょう。花はまた咲くので、花がらを摘んだり花のついたつるを切ったりしないこと。

---

### つぼみが落ちる?
土が乾きすぎ、または逆に濡れすぎか、つぼみのある時に移動や植え替えをしたためでしょう。

💡 お手入れ つぼみや花のついている間に場所を移してはいけません。水のやり方を見直しましょう(左記参照)。

### 花がつかない?
日当たりが十分ではないようです。日当たりが足りなくても枯れませんが、花は咲きません。あるいは、花芽を摘んでしまったのかも。

💡 お手入れ もっと明るい場所に移しましょう。どのつるも何年も花をつけるので、花がらは摘まないこと。花が自然に落ちるに任せましょう。

虫に注意!
(p.24-27参照)
コナカイガラムシ、コナジラミ、カイガラムシ、アブラムシがつきやすい。

花から滴が垂れる?
花は花粉を媒介する虫を呼ぶために蜜を出します。これが正常なのです。

💡 お手入れ
何もせず、そのままで!

ホヤ
和名 サクララン
[高さ] 4m以下
[幅] 70cm以下

## 同じ育て方の植物

**ホヤ・ベラ**
*Hoya bella*

ホヤよりコンパクトな植物です。同じ世話をしますが、より暖かい温度を好みます(冬も16℃以上)。

葉が黒く、または黄色くなった?葉が落ちる?
水のやり過ぎか、冬に寒すぎたためでしょう

💡 お手入れ 鉢の土が濡れすぎていないかチェックしましょう。水やりを控えめに。寒すぎるなら暖かい場所に移しましょう。

黒ずんだ葉

# カランコエ

〖 *Kalanchoe blossfeldiana* 〗

カランコエは通年販売される多肉植物で、赤、ピンク、オレンジ、黄色、白などの花を長く咲かせてくれます。

> **虫に注意!**
> （p.24-27参照）
>
> 葉に**コナカイガラムシ**、**ハダニ**がつきやすい。

## 枯らさない育て方

**場所**
室温は18〜24℃、冬も10℃以上に。冬も10℃以上を保ちましょう。

**日当たり**
直射日光が多少当たる、日当たりのよい場所に置きましょう。春夏は東向きや西向きの窓際、冬は南向きの窓際がおすすめです。

**水やり・施肥**
鉢の土の表面2〜3cmが乾いたら水をやりますが、冬は控えめにしましょう。鉢の水はけを確認し、土が水浸しにならないようにします。花が終わった後も育てるなら、春夏には月に1度肥料を与えましょう。

**育て方**
花が色褪せたら摘み取ります。花が終わったら、花のついた茎を全部切り戻しましょう。花が終わったら鉢ごと処分してしまう人がほとんどですが、正しく世話をすれば翌年また咲かせることが可能です（「花が咲かない?」の項を参照）。

### 花が咲かない?

花は約8週間でしおれてしまいますが、また咲かせることができます。

💡 **お手入れ** 夏には鉢を屋外に出し、秋に気温が下がり始めたら室内に入れましょう。日当たりはよいけれども涼しい場所に置き、施肥をやめて水やりも減らします。それから最低1ヶ月間、毎晩14時間は真っ暗にします。人工的な照明のある室内なら、鉢を毎晩クローゼットにしまいましょう。8週間後に施肥と水やりを再開すると、花芽をつけ始めます。

### 葉に茶色のまだらが出る?

おそらく日焼けでしょう。

💡 **お手入れ** 直射日光の少ない場所に鉢を移しましょう。

茶色のまだら

### 葉の縁が赤くなる?

これは心配要りません。日に当たると、葉が赤くなるのです。

💡 **お手入れ** 植物は元気ですから大丈夫。ただし葉が日焼けしないよう注意しましょう。

### 全体が弱って
### しなだれている?

寒すぎたか、水の多すぎか少なすぎかもしれません。

💡 **お手入れ** 鉢をより暖かい場所に移しましょう(夜間に冷える窓辺から離すなど)。また、冷たい風もいけません。水のやり方を見直しましょう(左ページ参照)。

## ( 同じ育て方 ) の植物

カランコエ「カランディーバ」
(和名) 八重咲きカランコエ
*Kalanchoe* Calandiva® series

すべて八重咲きの、小さなバラのような花が集まって咲きます。カランコエと全く同じ世話をしましょう。

**カランコエ**
[高さ]
30cm以下
[幅]
20cm以下

### 茎が茶色や
### 黒色になって
### べっとりしている?

水のやり過ぎで茎が腐っています。

💡 **お手入れ** 腐った個所を取り除きます。詳しくは「植物の病気」(p.28-29)参照。

← 黒くべっとりした茎

# クロコダイルファーン

〖 *Microsorum musifolium* 〗

葉がしわのあるワニ革に似ているため
この名のついたクロコダイルファーンは、
湿気が大好きなので、
キッチンやバスルームにぴったりです。

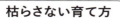

### 枯らさない育て方

**場所**
室温は13〜24℃、暖房器具などの熱源からは離しましょう。

**日当たり**
直射日光の当たらない半日陰に置きます。冬に暗くなりすぎたら、もう少し窓際に寄せましょう。

**水やり・施肥**
春から秋の初めまで、鉢の土の表面2〜3cmがほとんど乾いたら水をやります。冬にはこの部分の土が完全に乾いてから水やりを。

**育て方**
根詰まりしたら、土と総合肥料を混ぜた培養土に植え替えます。

## 葉の色が薄い、または黄色い？

日当たりがよすぎます。

💡 **お手入れ** もう少し暗い場所に移しましょう。

## 葉の中心や茎がべっとりしている？

べっとりした部分は腐っています。

💡 **お手入れ** 水やりの時、水が植物の中央に溜まって、茎や葉が水に浸からないよう注意しましょう。腐る原因になります。

## 虫に注意！
（p.24-27参照）

カイガラムシ、コナカイガラムシがつきやすい。

## 葉がかさかさになった？

水が足りないか、部屋が乾燥しすぎているサインです。

💡 **お手入れ** 与える水を増やし、鉢を熱源から離して、バスルームやキッチンなど湿度の高いところに移しましょう。

---

**クロコダイルファーン**
《高さと幅》
60cm以下

---

### ( 同じ育て方 ) の植物

**タマシダ** (和名 **ボストンファーン**)
*Nephrolepis exaltata* 'Bostoniensis'

このクラシックなシダは、常に鉢の土には湿り気が必要です。また、春から秋は毎月施肥するといいでしょう。

**アスプレニウム** (和名 **タニワタリ**)
*Asplenium nidus*

英名はBird's nest fern（鳥の巣のシダ）。放射状の葉が、鳥の巣を思わせたのでしょう。葉を拭いて艶を保ちます。少々暗くても大丈夫。

# オジギソウ

〚 *Mimosa pudica* 〛

人が集まるパーティーで
みんなを楽しませてくれる植物。
葉に触れると閉じて、茎が垂れ下がります。

## 枯らさない育て方

 **場所**
室温は13〜24℃、冬も15℃以上を保ちましょう。

 **日当たり**
直射日光が少し当たる日当たりのよい場所に置きます。

 **水やり・施肥**
鉢の土の湿り気を保ちますが、水浸しにはしないように。冬には少し湿っている程度にします。春夏は月に1度肥料を与えます。

 **育て方**
湿気を好むので、小石を敷いた皿に水を入れた上に鉢を載せましょう。種から育てるのも簡単です。夏には可愛らしいピンクの花をつけます。

### 葉に触れても反応が悪く、元に戻るのも遅い?

あまり頻繁に触りすぎて、機嫌が悪くなったようです。葉は一度閉じると、開くのに30分かかることもあります。

💡 **お手入れ** しばらくの間、触る間隔をあけましょう。敏感な反応が戻るまで、数週間かかるかも知れません。

葉が開いている時

閉じている時

**虫に注意!** 葉に**ハダニ**がつきやすい。
(p.24-27参照)

**全体図**

### 全体が大きくなり、ひょろっと伸びた?

これは正常です。時間がたつと形が悪くなり、ほとんどの人は秋に花が終わると処分してしまいます。

💡 **お手入れ** 好みのサイズまで切り戻すか、処分して春に新しい鉢を買いましょう。

### 触っていないのに葉が閉じた?

風で揺れても反応することがあります。また、夜には自然に葉が閉じます。

💡 **お手入れ** 何もしなくて大丈夫!

### 葉が黄色くなって落ちる?

寒すぎるようです。

💡 **お手入れ**
もっと暖かい場所に移しましょう。

---

オジギソウ
[高さ] 60cm以下
[幅] 30cm以下

# モンステラ

《 *Monstera deliciosa* 》

70年代に人気だったこの植物は、
一鉢でお部屋を楽しいジャングルに変えてくれます。

## 枯らさない育て方

 **場所**
室温は10〜24℃で生きられますが、18℃以上でないと成長しません。とても大きくなるので、十分スペースを用意しましょう。

 **日当たり**
窓から1.5〜2m程度など、明るい場所や半日陰に置きましょう。直射日光は避けて下さい。

 **水やり・施肥**
鉢の土の表面が少し乾いたら水をやります。春夏は月に1度肥料を与えましょう。

 **育て方**
時々葉を拭いてほこりを取り、霧吹きで水をかけましょう。高さが75cmほどになったら、モスポール（水苔支柱）や竹などの支柱が必要です。長い気根は鉢の土かモスポールの中に入れ込みましょう。若いうちは毎春植え替えます。簡単に植え替えられないほど大きく育ったら、鉢の土の表面5cmほどを新しい土と入れ替えます。

### 葉が黄色い？

水のやり過ぎでしょう。特に全体がしなだれている時は水が多すぎて根腐れを起こしているか、あるいは肥料不足かも。下の方の小さな葉は古くなると自然に黄色くなるので、心配いりません。

💡 **お手入れ** 水やりを減らしましょう。春夏には月に1度施肥すること。根腐れがないか確認し、あったら腐った部分は全部取り除きます。詳しくは「植物の病気」(p.28-29)参照。

### 葉の先や縁が茶色くなった？

これは空気や土が乾燥しているか、温度が低いか、根詰まりを起こしているためです。

💡 **お手入れ** 乾燥して暖かい部屋に置いているなら、小石を敷いた皿に水を入れ、その上に鉢を載せ、定期的に葉に霧吹きで水をかけましょう。熱源が近くにあったら離します。部屋が寒すぎないかチェックして下さい。必要なら植え替えを。

## 植物が「泣いている」?

水をやった後、葉から滴がしたたることがあります。「溢液」(いつえき)という現象で、普通は心配要りません。

💡 **お手入れ** 頻繁に起こるようなら、水をやりすぎていないか確かめましょう。

## 虫に注意!
(p.24-27参照)

葉の裏に**コナカイガラムシ**がつきやすい。

## 葉に切れ目が入らない?

若い株や新しい茎は、切れ目のある葉を出しません。成熟しているのに葉に切れ目がないなら、何か合わないことがあるようです。

💡 **お手入れ** 若い株なら、辛抱して待ってあげましょう。そうでないなら、気温18℃以上の適切な環境にあるか、正しい水やり・施肥、世話をしているかチェックしましょう(左ページ参照)。

**モンステラ**
[高さと幅]
1.8m以下

---

## ( 同じ育て方 の植物 )

**クッカバラ**
*Thaumatophyllum xanadu*

最近学名が改名されました。濃い緑の葉がよく茂ってドーム状になり、日当たりが悪くても耐えられます。ただし気温は15〜24℃を保ち、2、3年に1度は植え替えましょう。

**マドカズラ**
*Monstera adansonii*

モンステラと同じ世話をします。珍しい、穴のあいた葉をつけます。

# ウチワサボテン

〖 *Opuntia microdasys* 〗

ウチワサボテンの細かいトゲには気をつけましょう。
軟らかく見えるかも知れませんが、
刺さると痛いです。

## 枯らさない育て方

### 場所
室温は13〜29℃の暖かいところに置きましょう。冬には花芽を促すために寒い場所に移しますが、凍るようなところはいけません。

### 日当たり
1年中たっぷり日の当たる場所に置きます。暑い日には十分風通しをよくして下さい。

### 水やり・施肥
春夏は、鉢の土の表面2〜3cmが乾いたら水をやります。秋には土がほとんど乾くように、冬には完全に乾くようにします。春から秋は月に1度施肥を。

### 育て方
サボテン用土で育てます。触る時にはサボテン用手袋をはめましょう。トゲは軟らかく見えますが、刺さると痛い上に抜くのも大変です。

**虫に注意！** コナカイガラムシ、カイガラムシ、アカダニがつきやすい。
（p.24-27参照）

### 葉にしわが寄った？
水不足です。一般に言われるのとは逆に、サボテンにも水やりは必要です！

💡 **お手入れ** 数日間は毎日土にわずかに水をやりましょう。土を水浸しにはしないように。

### 全体がべっとりしている？
べっとりした部分は腐っています。これは水のやり過ぎによるもので、低温も重なっていることが多いです。

💡 **お手入れ** どれくらい腐っているかによりますが、新しいサボテン用土に植え替えてみてもいいでしょう。腐った根はすべて切り落とします。

### 花が咲かない？

数年目までのサボテンは、うまく育てれば花を咲かせることができます（*Mammillaria*, *Opuntia*, *Astrophytum*, *Rebutia* 属などのサボテン）。

💡 **お手入れ** 秋に水やりをやめ、冬には涼しく明るい部屋に移して、鉢の土を乾燥させます。春になったら暖かい場所に戻して、少しずつ水やりと施肥を再開します。小さめの鉢に植えておくと、花が咲きやすくなります。

### 茶色や白に色落ちする

これは日焼けで、日当たりが強すぎる時に起こります。

💡 **お手入れ** 真夏の日中は強すぎる日光の当たらない場所に移しましょう。

### サボテンが割れる？

これは水のやり過ぎです。

💡 **お手入れ**
水やりをいったんやめます。これで傷がふさがるはず。水のやり方を見直しましょう（左ページ参照）。また、土と鉢の水はけをチェックしましょう。

**ウチワサボテン**
[高さ] 45cm以下
[幅] 60cm以下

---

( 同じ育て方 の植物 )

**玉サボテン**
*Astrophytum ornatum*
この小ぶりなサボテンは丸い形になり、黄色い花をつけます。

**レブチア**
*Rebutia*
可愛い筒型の花を根元につける人気のサボテンです。

# ペペロミア・アルギレイア

〚 *Peperomia argyreia* 〛

育てやすい熱帯植物で、ペペロミアのこの種は
濃い緑に模様の入った葉をつけ、
それがスイカを思わせます。

## 枯らさない育て方

**場所**
春から秋の成長の季節は、15〜24℃
に。冬も10℃以上を保ちましょう。

**日当たり**
　　直射日光の当たらない明るい場所に置
きましょう。

**水やり・施肥**
春から秋は、鉢の土が乾き始めたらぬ
るい水を与えます。冬はほとんどやらないくらい
水を控えましょう。春夏には月に1度肥料を与え
ます。

**育て方**
水はけはよくなければいけませんが、根
が詰まった状態を好むので、植え替えまでまる3
年は待ちましょう。

ペペロミア・
アルギレイア
〚高さと幅〛
20cm以下

**虫に注意！**　葉の裏と周辺に**コナカイ**
（p.24-27参照）　**ガラムシ**がつきやすい。

### 葉の裏に
### コルク状の膨らみがある?

これは浮腫という病気で、冬に水をやりすぎると発生します。

💡 **お手入れ** 冬には水やりを控えましょう。詳しくは「植物の病気」(p.28-29)参照。

― コルク状の膨らみ

### 葉が落ちる?

これは水が足りないか、寒すぎるために起こります。

💡 **お手入れ** 水をやりましょう。部屋が10℃以下になっていたら、もっと暖かい場所に移しましょう。

### 水をやっているのに
### しなだれている?

水をやりすぎて根腐れを起こしたようです。

💡 **お手入れ** 根を調べて、腐った部分はすべて取り除きましょう。詳しくは「植物の病気」(p.28-29)参照。

## 同じ育て方の植物

ペペロミア・ロツンディフォリア
*Peperomia rotundifolia*
美しい匍匐性のペペロミアで、小さな肉厚のボタンのような葉をつけます。やや湿度の高い場所に置きましょう。

ペペロミア・ジェイド
*Peperomia polybotrya*
光沢の強いハート型の葉をつけます。ペペロミア・アルギレイア以上に高湿を好みます。

# ファレノプシス

《 *Phalaenopsis* 》→ 和名 **コチョウラン**

ラン科の植物には膨大な種類があります。
その中でもコチョウランは育てるのが最も簡単で、
花が何週間も長持ちします。

## 枯らさない育て方

**場所**
18〜26℃の室内に置きましょう。

**日当たり**
直射日光の当たらない明るい場所に置きましょう。東向きの窓辺が理想的。

**水やり・施肥**
鉢ごと水に浸け、余分は排水させます（p.18-19「水やり」参照）。春夏はこれを週に1度、冬は2週間に1度行います。1〜2日汲み置きした水を使うのが理想です。春夏は月に1度、秋冬は2ヶ月に1度、ラン用の肥料を与えましょう。

**育て方**
透明な容器にラン用の土を入れ、光が根にも届くようにして育てます。空気中に出てきた根を切ったり覆ったりしないこと。腐ってしまいます。花がしなびたら、花のついた茎を下のつぼみの位置まで切り戻しましょう。こうすると数ヶ月で新しい花枝が伸びます。

---

### つぼみが落ちる？
これは水のやり過ぎか少なすぎ、湿度の低すぎ、温度変化が原因でしょう。

💡 **お手入れ** 通常通り水をやり（左記参照）、小石を敷いた鉢皿に水を入れた上に鉢を載せます。つぼみがついている時は移動させてはいけません。

---

### 虫に注意！
（p.24-27参照）

葉に**カイガラムシ**と**コナカイガラムシ**がつきやすい。

コチョウラン
［高さ］
1m以下
［広がり］
30cm以下

### 花が咲かない?

2度目に花が咲くまで数ヶ月かかることがあります。しかし、花がつかないのは日当たり不足や肥料の多すぎ・少なすぎ、大きすぎる温度変化が理由の場合も。あるいは、植え替えが必要なのかもしれません。

💡 **お手入れ** 鉢をより明るい場所に移し、肥料を春夏は毎月、秋冬は2ヶ月に1度与えましょう。必要なら植え替えます。夜間に温度が下がると2度目の開花を促すので、数週間窓辺や涼しい部屋に置いてみましょう。

### 葉の色が変わった?

黄色い葉

正常な葉は艶のある緑色です。古い葉が黄色くなるのは自然ですが、若い葉なら、日当たりがよすぎるか肥料不足のサインかもしれません。逆に葉の色が黒っぽくなったら、日当たりが足りないでしょう。

💡 **お手入れ** 上記に合わせて、日当たりを調節しましょう。春か夏なら、月に1度施肥を忘れずに。

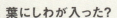
しわの入った葉

### 葉にしわが入った?

おそらく、水が十分葉に送られていません。これは水が足りない時によく起こりますが、根にダメージがある場合もあります。葉がぐにゃっとしていたら、湿度不足の可能性も。

💡 **お手入れ** 健康な根は銀色がかった白や緑ですが、茶色くべっとりした根は水のやり過ぎのサイン、中空でかさかさした根は水不足のサインです。根が悪くなっていたら、ダメージが大きい部分を切り落とし、新しい土に植え替えましょう。小石を敷いた皿に水を入れた上に鉢を載せ、湿度も上げること。

# シダ・ブルースター

〚 *Phlebodium aureum* 〛

シダ類で最も育てやすい品種の1つです。
美しい青みがかった緑色で、
縁に浅く切れ目の入った葉をつけます。

---

### 枯らさない育て方

**場所**
10〜21℃の室内で、風や熱源のない場所に置きましょう。湿度の高い部屋なら理想的です。

**日当たり**
日陰や半日陰を好みます。直射日光は全く当たらないようにしましょう。

**水やり・施肥**
鉢の土の湿り気を保ちますが、水はけはよくしましょう。成長期は毎月肥料を与えます。

**育て方**
古くなった葉は付け根から取り除きます。鉢が根で一杯になったら植え替えを。

---

**葉が黄色くなる？**
根腐れのサインかもしれません。

 根が腐っていないか確認しましょう。茶色く傷んだ根と、その周囲の土も取り除きます。水はけが悪くないか、土が水浸しになっていないか、チェックを。

**虫に注意！** 葉に**カイガラムシ**と**コナカイガラムシ**がつきやすい。
（p.24-27参照）

## 葉の先が茶色い?

空気が暑すぎるか乾燥しすぎています。水ももっと必要かも。

💡 **お手入れ** 風や熱源、強すぎる日光を避けて移動させましょう。可能なら、バスルームやキッチンなど湿度の高い部屋に移します。必要なら水やりも増やしましょう。

## （ 同じ育て方 ）の植物

**オオバノイノモトソウ**
（和名 プテリス）
*Pteris cretica*

ヤシのような珍しい葉をつけ、時々土が乾いても許してくれるありがたいシダです。

**アジアンタム**
*Adiantum raddianum*

弧を描いて葉の垂れるシダで、やや神経質。15〜21℃を保ち、鉢の土の表面1cmが乾いたら水やりを。余分な水は流れ出るようすること。

## 葉が落ちる?

水やりが多すぎても少なすぎても葉が落ちることがあります。

💡 **お手入れ** 土が濡れすぎていないか、乾きすぎていないかチェック。適度な湿り気と水はけを保ちましょう。

# 日陰で育つ おすすめの 植物ベスト5

あらゆる植物は成長に光が必要ですが、葉の大きな植物など一部のものはあまり明るくない場所が得意です。
日陰で育ててみたい植物は次の5つ。

## アスプレニウム
《 *Asplenium nidus* 》
和名 タニワタリ

育てやすいシダで、艶のある葉を茂らせて放射状になります。暗くても育ちますが、時々葉を拭いて艶を保ち、光が葉に届くようにしましょう。

➔ p.93「アスプレニウム」参照。

## スパティフィラム
《 *Spathiphyllum* 》

スパティフィラムはあまり気を遣わなくてもよく、艶のある緑の葉と目を引く白い花をつけます。日当たりが悪くても、水やりがきまぐれでも我慢してくれます。

➔ p.124-125「スパティフィラム」参照。

## オキシカルシウム
《 *Philodendron scandens* 》

フィロデンドロンの仲間で、艶のあるハート型の葉をつけます。匍匐性なので、モスポールに這わせましょう。

→ p.109「オキシカルシウム」参照。

## ヤツデ
《 *Fatsia japonica* 》

大きく青々とした葉が印象的な植物。日当たりが悪くても、冬に気温が0℃にまで下がっても生きていけます。

→ p.81「ヤツデ」参照。

## ハラン
《 *Aspidistra eliator* 》

英名の*Cast iron plant*（鋳鉄の植物）が示す通り、組織がとても丈夫です。少しでも多く光に当たるよう、葉を拭いてあげましょう。水が足りないのは許してくれますが、水の多すぎは我慢できません。

→ p.125「ハラン」参照。

# フィロデンドロン

〚 *Philodendron* 'Imperial Red' 〛

このフィロデンドロン・インペリアルレッドは大きくロウを引いたような葉をつけます。若い間は葉は赤く、徐々に紫から濃い緑に変わっていきます。

## 枯らさない育て方

**場所**
15〜24℃の穏やかな温度を好みます。

**日当たり**
明るい場所に置きましょう。直射日光は避けて下さい。

**水やり・施肥**
鉢の土の表面2〜3cmが乾いたら水をやります。冬には水を控えましょう。春夏は毎月肥料を与えます。

**育て方**
艶のある葉ですが、ほこりがつきやすいです。定期的に湿った布で拭きましょう。植え替えるなら春に。

**虫に注意！** カイガラムシとアカダニがつきやすい。
（p.24-27参照）

### 全体がしなだれている、または葉が黄色い？

水をやりすぎたようです。

**お手入れ** 濡れすぎた土は好みません。鉢の土の表面が乾くまで水やりの間隔をあけ、鉢の水はけをよくしましょう。

### 葉が落ちる?
部屋が寒すぎるか、風が当たりすぎています。

💡 **お手入れ** より暖かい部屋に移し、冷たい風を避けて下さい。

### 葉の縁が茶色くなった?
乾燥か熱風のために水が足りないか、水やりが足りないか、日当たりがよすぎるか、いずれかのサインです。

💡 **お手入れ** 鉢を熱源や窓際、ドアなどから離しましょう。土が乾きすぎないようにして下さい。

フィロデンドロン
［高さ］
1.5m以下
［幅］
1m以下

### 葉の色が褪せている?
日当たりがよすぎたり、直射日光に当たったりすると、元気がなくなります。

💡 **お手入れ** 部屋が明るすぎないかチェックしましょう。必要ならより光の当たらない場所に移します。

## 同じ育て方の植物

**オキシカルジウム**
*Philodendron scandens*
このフィロデンドロンの仲間は葉に艶があり、日陰にも耐えられます。左記と同様に世話しましょう。

**フィロデンドロン・エルベセンス**
*Philodendron erubescens*
匍匐性の植物でゆっくり成長し、若いうちは葉が紫です。

# ピレア・ペペロミオイデス

〚 *Pilea peperomioides* 〛

観葉植物として人気が高く、
美しい蓮の葉のような葉が愛される理由です。

ピレア・
ペペロミオイデ
〚高さと幅〛
30cm以下

 枯らさない育て方

### 場所
18〜24℃の室内に置きましょう。冬も12℃以下にはならないように。

### 日当たり
明るい場所や半日陰に。直射日光は避けないと、葉を傷めます。明るい場所より半日陰の方が、葉が大きく育ちやすいです。

### 水やり・施肥
鉢の土は湿り気を保ちつつ、ある程度乾いてから水をやりましょう。春夏は2週間に1度肥料を与えます。

### 育て方
水はけをよくして、土が水浸しにならないようにしましょう。時々、葉を湿らせた清潔な布で拭いてほこりを取り、艶を保つようにします。根元に子株ができるので、これを株分けして別で育てることができます。

### 葉が同じ方向を向いてしまう?

光に向かって葉が伸びます。

💡 **お手入れ** 定期的に鉢を回して、こんもりした形を保ちましょう。

### 葉が黄色くなって落ちてしまう?

根元の葉が色褪せしているなら、心配は要りません。葉が古くなっただけです。しかし、問題が広がっているなら、根腐れを起こしているかもしれません。根詰まりしていないかもチェックしましょう。

💡 **お手入れ**
水やりと世話のしかたを見直しましょう(左ページ参照)。

### 虫に注意!
(p.24-27参照)
葉に**カイガラムシ**がつきやすい。

### 葉が丸まってしまう?

環境があまり合っていないようです。

💡 **お手入れ** 鉢の置き場所と日当たりを確認し、世話のしかたを修正しましょう(左ページ参照)。

## ( 同じ育て方 の植物 )

**ピレア・ムーンバレー**
*Pilea involucrata* 'MoonValley'

印象的な多年草。ピレア・ペペロミオイデスと同じように世話をしますが、より高い湿度を好みます。テラリウムに入れてみましょう。

**アルミニウムプランツ**
*Pilea cadierei*

ピレア・ムーンバレーと同じように育てられます。これも高湿が大好きだからです。

# ビカクシダ

〚 *Platycerium bifurcatum* 〛→ 和名 コウモリラン

このシダは野生ではエアプランツのように育ちます。
家庭でも、土があってもなくても育てられ、
よく水苔やコルクに植えて販売されています。

## 枯らさない育て方

### 場所
湿度の高い環境を保ちましょう。室温は10〜24℃に。

### 日当たり
とても明るいけれども直射日光は当たらない場所に。直射日光が当たると葉が色落ちします。

### 水やり・施肥
ビカクシダは根と葉から水を吸収します。土や苔は常に少し湿っているようにしましょう。苔やコルクに植えている場合は、上下逆さにしてぬるい水に浸けて20分ほど放置するか、水道の下でぬるい水をかけ流します。吊るす前に水を切りましょう。暑く乾燥した部屋なら毎週、涼しい部屋や湿度の高い部屋なら2・3週間に1度この方法で水をやります。春夏は月に1度肥料を与えましょう。

### 育て方
定期的に霧吹きでぬるい水をかけます。特に部屋が暑く、乾燥しているなら忘れずに。

**虫に注意!**
（p.24-27参照）
葉の裏に**カイガラムシ**がつきやすい。

ビカクシダ
[高さと幅]
1m以下

### 葉の先が茶色い、またはしなだれている？
水が足りていません。

💡 **お手入れ** 水やりの回数を増やし、霧吹きで水をかける回数も増やして湿度を挙げましょう。

### 水をやってもまだしなだれている？
根腐れを起こしているかも知れません。

💡 **お手入れ** 根腐れがないかチェックし、黒くべっとりした部分があったらすべて取り除きます。詳しくは「植物の病気」(p.28-29)参照。

### 先が分かれた細い葉の根もとが茶色、または黒くなる？
これは水のやり過ぎです。

💡 **お手入れ** 数週間水やりをやめ、それから通常の水のやり方に戻します。

### 盾形の葉が茶色くなった？
ビカクシダは根元に小さな「盾形」の葉があり、水を吸い上げて根を保護しています。この盾形の葉は年を取ると自然に茶色くなります。

💡 **お手入れ** 何もしなくて大丈夫。下の方の葉が茶色くなるのは正常なプロセスです。取り除いてはいけません。

---

( 同じ育て方の植物 )

**ビカクシダグランデ**
(和名 **コウモリラン**)
*Platycerium grande*

薄い緑の先の分かれた葉があり、ビカクシダより大きくなりますが、世話のしかたは同じです。

- 先が分かれた細い葉は中央から伸びる
- 盾形の葉は縁を取り巻く

# セントポーリア

《 *Saintpaulia* 》

葉に産毛のある人気の植物で、
花の色は実に様々。
サイズが小さいので、
栽培スペースがせまいならぴったりです。

---

 **場所**
16～23℃で暖かく、直射日光の当たらない明るい場所に置きましょう。

 **日当たり**
直射日光の当たらない明るい場所に置きましょう。直射日光は遮らないと、葉が色落ちします。

**水やり・施肥**
鉢の土の表面2～3cmが乾いたら水をやります。30分ほど鉢の下から吸水させましょう(p.18-19「水やり」参照)。こうすれば葉が濡れるのを防げます。春から夏の終わりまで、月に1度肥料を与えましょう。

 **育て方**
咲き終わった花は切り取ります。セントポーリアは小さい鉢の方がよく育つので、あまり頻繁に植え替えてはいけません。

---

**葉が黄色い?**

空気が乾燥しているか、日当たりがよすぎるか、水か肥料が足りないかのいずれかでしょう。

 **お手入れ** 直射日光を避け、鉢を熱源から離します。水やりと施肥のしかたも見直してみましょう(左を参照)。

---

**花が咲かない?**

セントポーリアは冬に日当たりが悪くなると、よく花を咲かせなくなります。春から秋なら、花が咲かないのは何か世話に問題があるのかも。

**お手入れ** 冬なら、鉢を明るい南向き、または西向きの窓辺に移しましょう。春から秋なら肥料のやり方が正しいか、十分暖かいかチェックして下さい。

**虫に注意!**
(p.24-27参照)
葉の裏にコナカイガラムシがつきやすい。

**葉に茶色いシミがある?**
葉に水がかかったか、冷水を与えた時に起こります。

💡 **お手入れ** 葉に水がかかるのを防ぐため、いつも鉢の下から吸水させましょう。鉢を水を入れた皿に30分ほど入れておきます。水は常温にして下さい。

茶色いシミ

セントポーリア
「ブライトアイズ」
[高さと幅]
15cm以下

**全体がしなだれている?**
水が多すぎるか少なすぎるためです。

💡 **お手入れ** 鉢の土の表面2〜3cmが乾いた時に、下から吸水させるようにします。根もとや根が腐っていないかチェックしましょう(p.28-29「植物の病気」参照)。

**葉にグレーのふわふわしたものや白い粉がついている?**
グレーのふわふわしたものは灰色かび病、白い粉はうどんこ病です。

💡 **お手入れ** ついているところを取り除き、殺菌剤で処置します。詳しくは「植物の病気」(p.28-29)参照。

グレーのふわふわしたもの

# サンセベリア

〚 *Sansevieria trifasciata* 〛→ 和名 **トラノオ**

刀のような硬い葉が印象的で、
ほとんど不死身ともいえるほど、強い植物です。
枯れるとしたら、原因は水のやり過ぎか低温だけ。

---

### 枯らさない育て方

**場所**
場所には全くこだわらない植物です。
10〜26℃なら元気で、風や乾燥も気にしません。

**日当たり**
理想は明るく、直射日光の当たらない場所ですが、多少の直射日光には耐えられます。暗くても大丈夫ですが、多色の葉は緑1色になってしまうかもしれません。

**水やり・施肥**
春夏は控えめに水をやり、秋冬はもっと減らします。春夏は月に1度肥料を与えましょう。

**育て方**
転倒を防ぐため、重い鉢で育てます。葉の先端を傷めないよう注意しましょう。先端が傷むと育たなくなります。時々葉を拭いて、艶を保ちましょう。根詰まりしない限り、植え替えはしません。

---

### 葉が横倒しになる?

水が多すぎるか少なすぎる、または日当たりが足りないのでしょう。根詰まりしているかもしれません。長く伸びた古い葉は、時々折れてしまいます。

💚 **お手入れ** 世話のしかたと日当たりをチェックしましょう(左記参照)。必要なら植え替えを。

### 葉が黄色い?

これは水のやり過ぎ、特に冬の間のやり過ぎで起こることが多いです。根腐れしていないか、根元と根をチェックして下さい。

💚 **お手入れ** 鉢の土を乾燥させます。気温が低ければ、より暖かいところへ移すことも検討して下さい。根腐れしていないかチェックし、もししていたら腐った部分をすべて取り除きます。詳しくは「植物の病気」(p.28-29)を参照のこと。

黄色くなった葉

### 葉にしわが寄った？

葉にしわが寄るのは、おそらく水不足です。

💡 **お手入れ**

数日間軽く水を与えましょう。そうすれば、葉は元通りしっかりするはずです。

しわが寄った葉

**虫に注意！**
(p.24-27参照)

葉に**コナカイガラムシ**がつきやすい。

サンセベリア
[高さ] 1.2m以下
[幅] 50cm以下

## ( 同じ育て方 ) の植物

**サンセベリア・キリンドリカ**
*Sansevieria cylindrica*

サンセベリアと同じ世話が必要です。円錐形の葉はよく三つ編み仕立てにされます。

**ユーフォルビア・トリゴナ**
*Euphorbia trigona*

目を引く多肉植物で、鋭いトゲがあり、サンセベリアと同じ世話をします。

# ビロウヤシ

《 *Saribus rotundifolius* 》

扇形に広がる葉が段々に出て大きくなる、
建築的な美しさをもつヤシです。
屋外なら20mにもなりますが、家庭では2mほどでしょう。

## 枯らさない育て方

**場所**
室温13〜24℃の部屋が最適です。伸びて葉を広げられる十分なスペースを確保して下さい。

**日当たり**
直射日光の当たらない明るい場所に置きましょう。

**水やり・施肥**
春から秋は、鉢の土の表面3cmが乾くまで水やりは待ちましょう。冬には土のほぼ半分が乾くまで水やりをしません。春から秋は月に1度肥料を与えて下さい。

**育て方**
熱源からは離しましょう。時々湿った布で葉を拭いて、ほこりを取って下さい。

**虫に注意!**
(p.24-27参照)
葉の裏と茎の根元に**アカダニ**と**コナカイガラムシ**がつきやすい。

ビロウヤシ
[高さと幅]
2m以下
[幅]
1m以下

### 葉に茶色いシミがある?

炭疽病の症状です。

💡 **お手入れ** 感染した葉をすべて取り除き、有機殺菌剤で処置します。

### 葉が黄色くなる?

色が薄い、または黄色い葉は水不足のしるしです。

💡 **お手入れ** 夏には鉢の土の表面3cmだけを乾燥させること。それ以上乾いてはいけません。特に、鉢が明るい部屋にあるなら注意しましょう。

### 茎が茶色くなる?

これは腐っているサインです。水のやり過ぎと水はけの悪さ、日当たりの悪さが組み合わさって発生します。

💡 **お手入れ** 鉢の水はけが悪くないかチェックしましょう。必要なら植え替えを。根が腐っていたら、腐った根と周囲の土を取り除きます。水はやりすぎないこと。置き場所が暗いほど、水は少なくていいのです。

## ( 同じ育て方 ) の植物

**クジャクヤシ**
*Caryota mitis*
魚の尾のような、珍しい形の葉をつけます。ビロウヤシと同じ世話をしますが、湿度はより高い方がいいでしょう。

**フェニックス・ロベレニー**
*Phoenix roebelenii*
ミニチュアのナツメヤシで室内向きですが、それでも高さ1.8mになることがあります。気温18℃前後を好みます。

# 矮性カポック

《 *Schefflera arboricola* 》

葉が多く、手軽に育てられる植物です。
先端を切って、好みの高さに保ちましょう。

---

> ### 枯らさない育て方

**場所**
13〜24℃の適度な室温の部屋に。冬も13℃以下にはならないようにしましょう。

**日当たり**
直射日光の当たらない明るい場所に。

**水やり・施肥**
春から秋は、鉢の土の表面2〜3cmが乾いたら水をやります。多少水やりが足りなくても構いませんが、多すぎると根腐れにつながるためよくありません(p.28-29「植物の病気」参照)。冬には水を減らします。春夏は月に1度肥料を与えて下さい。

**育て方**
暖かい天候が続いたり、暖かい部屋に置いている場合は葉に霧吹きで水をかけてもいいでしょう。時々清潔な湿らせた布で葉を拭いて、ほこりを取って下さい。

---

### 葉がべたべたする?

矮性カポックはカイガラムシがつきやすいです。最初のサインは葉がべたつくことで、これがだんだん黒くすすのようになります。葉の裏に茶色いぽつぽつした盛り上がりもあるかもしれません。

💡 **お手入れ** 虫をこすり落とし、葉を拭いて清潔にして、すすのようなかびをすべて落とします。
それから殺虫剤で処置しましょう。詳しくは「植物の害虫」(p.24-27)参照。

### 葉が落ちる?

気温の上下や置き場所が暗すぎるためでしょう。水が多すぎるか少なすぎるのかもしれません。

💡 **お手入れ** 十分暖かい場所に置いているか(13〜24℃)、直射日光でない日当たりが十分かチェックして下さい。冷たい風も当たらないように。水のやり方も見直してみましょう(左記参照)。

### 全体が一方に傾く?
光の方に傾いているのです。

💡 **お手入れ**
定期的に鉢を回すか、竹の棒やモスポールに固定を。

### ( 同じ育て方 ) の植物

**アフェランドラ**
*Aphelandra squarrosa*

花のついた状態で販売されることが多く、お手入れはカポックと同じですが、冬も15℃以上に。水をやりすぎると、下の方の葉が落ちます。

### 虫に注意!
（p.24-27参照）
葉に**カイガラムシ**と**ハダニ**がつきやすい。

### 葉がしおれる?
これは水が多すぎるか少なすぎるためです。

💡 **お手入れ** 鉢の土をチェックします。水浸しなら乾かし、根腐れのサインがないか調べましょう（p.28-29「植物の病気」参照）。鉢の土の表面2〜3cmが乾いてから水をやること。

**矮性カポック**
［高さ］
1.4m以下
［幅］
1m以下

# クリスマスカクタス
〚 *Schlumbergera buckleyi* 〛

クリスマスカクタスは森林性のサボテン。
砂漠地帯原産ではなく、ジャングルの常緑樹なのです。
冬に花を咲かせます。

---

## 枯らさない育て方

### 場所
18〜24℃の暖かい部屋に置きます。確実に花を咲かせるには、年に2度、もう少し涼しいところで休眠させましょう（「花をつけない？」の項を参照）。

### 日当たり
直射日光が当たらない明るい場所に。

### 水やり・施肥
土の表面2〜3cmが乾いたら水をやり、余分な水は底から流れ出るようにします。土を水浸しにしないこと。冬はさらに水を控えます。春夏は月に一度施肥を。

### 育て方
小石を敷いた皿に水を入れ、その上に鉢を載せます。花の時期以外は週に2度ほど霧吹きで水をかけましょう。1〜2年に一度、根詰まりしたら、一回り大きな鉢に植え替えを（きつめの鉢がよい）。土には少し砂を混ぜます。

---

**花がつかない？**

花をまた咲かせるためには、休眠期間が必要です。

**お手入れ** 花期が終わったら、休眠のため8週間、暖房のない涼しい部屋（12℃）に移し、水やりを減らします。夏になったら屋外の日陰に出し、通常通り水と肥料を与えましょう。秋には2度目の休眠をさせるため、また暖房のない涼しい部屋に8週間入れます。理想的には夜にも照明をつけない場所がいいでしょう。その後花を飾りたい場所に戻し、通常通り世話をします。

---

**虫に注意！** 茎の隅々に**コナカイガラムシ**がつきやすい。
（p.24-27参照）

## 葉が赤くなる?

これは日当たりがよすぎるか、水の足りないサインです。

💡 **お手入れ** 直射日光の当たらない場所に移します。水のやり方も見直しましょう。

赤みを帯びた葉

**クリスマスカクタス**
[高さと幅]
35cm以下

## つぼみが落ちる?

つぼみのついている時に鉢を移動させたか、水のやり方が合っていないか、気温の変化があったためでしょう。

💡 **お手入れ** つぼみがついてすぐに休眠場所から通常の場所に戻したら、もう動かしてはいけません。水のやり方も見直しましょう（左ページを参照）。

## ( 同じ育て方 の植物 )

**イースターカクタス**
*Schlumbergera gaetneri*

この品種は春に花を咲かせます。クリスマスカクタスと同じく、夏には屋外で過ごす期間、それから休眠期間を設けると、喜んでまた花を咲かせます。

**リプサリス**
*Rhipsalis baccifera*

同じような世話をするこの多肉植物は、ハンギング・プランターに最適。成熟すると実をつけることがあります。

# スパティフィラム
〚 *Spathiphyllum* 〛

艶のある緑の葉に時々白い花をつけるこの植物は、あまり手間がかからず育てやすいため、ビギナーにぴったりです。

## 枯らさない育て方

 **場所**
13〜26℃の暖かい部屋に置きます。冷たい風が当たらないように。

**日当たり**
直射日光が当たらない明るい場所に。

 **水やり・施肥**
鉢の土の表面2〜3cmが乾いたら水をやります。春から夏の終わりには月に1度施肥を。硬水の地域にお住まいなら、蒸留水か濾過水か雨水を使う必要があるかも知れません。

 **育て方**
小石を敷いた鉢皿に水を入れた上に鉢を載せましょう。週に1、2度、葉に霧吹きで水をかけてやるのもよいことです。特に暖かい部屋では霧吹きを。枯れた花や黄色くなった葉は切り取ります。毎年春に植え替えを。

### 全体がしなだれている?
水を必要としています。

💡 **お手入れ** 鉢ごと水を入れたバケツに30分ほど浸け、それから余分な水が流れ出るようにします。これですぐに回復するはず(p.18-19「水やり」参照)。

### 葉が黄色い?
古い葉は自然に黄色くなります。若い葉が黄色くなっているなら、何かストレスがあるサインです。

💡 **お手入れ** 鉢の置き場所が適しているか、水やりや施肥は正しいか確めましょう(左記参照)。鉢の中で根詰まりしていたら植え替えを。水を1〜2日汲み置きした水に換えてみましょう。

 **虫に注意!**
(p.24-27参照) 葉の裏にコナカイガラムシがつきやすい。

### 葉に茶色いまだらがある?
葉が焼けています。

💡 **お手入れ** 直射日光が当たらないようにし、もう少し日陰に移しましょう。

茶色いまだら

### 葉の先が茶色くなる?
水不足、あるいは不規則な水やりの習慣が原因かもしれません。あるいは冷たい水のせいかも。

💡 **お手入れ** 熱源から離し、水やりと施肥のしかたが正しいかチェックしましょう（左ページ参照）。水を1〜2日汲み置きした水に換えてみましょう。

## ( 同じ育て方 ) の植物

**アグラオネマ**
*Aglaonema*

スパティフィラムと同じような世話をしますが、日陰や温度変化により強いです。玄関に置くのにぴったり。

**ハラン**
*Aspidistra eliator*

時々葉を拭き、根詰まりするまで植え替えはしません。水浸しの土は苦手です。

---

スパティフィラム
［高さと幅］
60cm以下

# リビングルームにおすすめの植物ベスト5

鉢植えを、ほこりっぽいリビングの隅に放っておいてはいけません。
主役として前面に出し、部屋の雰囲気を演出する素敵な鉢で育てましょう。
次の5品種はいかがでしょうか。

## サンセベリア
《 *Sansevieria trifasciata* 》
和名 トラノオ

あまり手がかからず人気のサンセベリアは、しっかりとした葉が印象的で、どんな部屋でも目立ちます。空気清浄効果に優れています。

→ p.116-117「サンセベリア(トラノオ)」参照。

## カシワバゴムノキ
《 *Ficus lyrata* 》

人気の植物で、インテリアデザイナーに好まれ、平たい葉をたっぷりつけます。ぴったりな置き場所が見つかったら移動させないこと。動かすと葉を落とす傾向があります。

→ p.76-77「カシワバゴムノキ」参照。

## ザミア
《 *Zamioculcas zamiifolia* 》

豊かな葉が目を引く植物で、お部屋のアクセントにぴったりです。あまり場所を取らず、育て方も簡単です。
→ p.138-139「ザミア」参照。

## ケンチャヤシ
《 *Howea fosteriana* 》

ゆったりしたヤシで、リビングにエレガントな雰囲気をもたらしてくれます。たっぷり日当たりを確保すると(ただし直射日光は避けて)、青々と育ちます。時々葉を拭き、霧吹きで水をかけましょう。
→ p.84-84「ケンチャヤシ」参照。

## モンステラ
《 *Monstera deliciosa* 》

70年代の人気を取り戻したモンステラは、存在感のある植物。明るい日陰や半日陰に置き、スペースも十分取りましょう。とても大きくなることがあります。
→ p.96-97「モンステラ」参照。

# ゴクラクチョウカ
【 *Strelitzia reginae* 】

なぜこの名前がついたのか、すぐわかります。
青とオレンジの花は、
トサカのあるエキゾチックな鳥のようです。

---

### 枯らさない育て方

 **場所**
20℃前後の暖かさとたっぷりの日当たりのある場所に。明るいバスルームやサンルームなら理想的です。通風のよいのを好むので、夏には屋外に出すこともできます。冬でも10度を下回らないように。

 **日当たり**
できるだけ明るい場所に置き、ただし直射日光が当たらないようにします。

 **水やり・施肥**
鉢の土の表面が乾いたらたっぷり水をやりますが、土を水浸しにしてはいけません。冬には水を減らします。春夏は月に1度肥料を与えましょう。

 **育て方**
根が鉢の土の上まで出てくるか、底穴から出てくるまでは植え替えてはいけません。湿らせた清潔な布で葉を拭いて、ほこりがないようにしましょう。

### 花をつけない?
早くても4年目まで花をつけません。光と栄養が必要で、やや根詰まりを好みます。

💡 **お手入れ** 日当たりと施肥をチェックし、必要なら一回り小さな鉢に植え替えてみましょう。

### 葉が茶色い?
乾燥しすぎ、水不足、肥料過多のいずれかです。

💡 **お手入れ** 世話のしかたを見直し、部屋が暑くて乾燥していないか確認。

### 葉が裂ける?
これは全く正常です。野生下では、葉から空気を取り入れるための適応としてこうなります。

---

**虫に注意!**
(p.24-27参照)
葉に**カイガラムシ**、**コナカイガラムシ**、**ハダニ**がつきやすい。

### 葉が黄色い?

下の方の葉なら正常です。時々落ちることもあります。全体に黄色い葉があるなら、水が多すぎるか少なすぎる、あるいは鉢の置き場所が合っていません。

💡 **お手入れ** 黄色くなった葉をそっと抜き取ります。水のやり方を見直し、十分日当たりと温度があるか（20℃以上）チェックしましょう。

### 根元が腐っている?

鉢の土が水を含みすぎたために、根か茎が腐っています。

💡 **お手入れ** 新しい土に植え替え、鉢の水はけはよくしましょう。水をやりすぎないこと。詳しくはp.28-29「植物の病気」参照。

ゴクラクチョウカ
[高さ] 1.8m以下
[幅] 75cm以下

# ストレプトカーパス

〚 *Streptocarpus* 〛

ストレプトカーパスはチャーミングな植物。
みずみずしい緑の葉に、
様々な色の花をつけます。

> **虫に注意!**
> (p.24-27参照)
> 葉の裏に**コナカイガラムシ**、**アブラムシ**がつきやすい。

## 枯らさない育て方

**場所**
日当たりのよい部屋に置きましょう。13〜21℃のちょうどよい気温を好みます。

**日当たり**
直射日光が当たらないようにしましょう。特に夏は避けること。東向きか西向きの窓辺が理想的です。

**水やり・施肥**
鉢の土の表面4〜5cmが乾いた感じがしたら水をやります。土が湿る程度でよく、土浸しにしてはいけません。余分な水は流れ出るようにします。冬には水を控えます。春夏は2週間に1度肥料を与えましょう。カリウム強化肥料を通常の半分に薄めて与えると、花づきがよくなります。

**育て方**
毎年春に植え替えます。一回り大きい、浅い鉢がいいでしょう。咲き終わった花を切り取ると次々花を咲かせます。秋冬は葉の端が枯れますが、これは正常で、心配要りません。枯れたところだけ切り取りましょう。

### 葉の一部が茶色くなる?

葉が日焼けしたか、水がかかったと思われます。秋冬には葉の端が自然に茶色くなります。

💡 **お手入れ** 鉢を直射日光の当たらない場所に移しましょう。水をやる時には葉に水をかけないように。

日焼けした葉

### 根元の葉が腐る?

おそらく水のやり過ぎか、土が濡れすぎているか、水はけが悪いためです。

💡 **お手入れ** 腐った葉はすべて取り除き、鉢の土を乾かします。鉢から余分な水が排出できているかチェックしましょう。鉢の土が乾いてから水をやること。

### 葉にグレーのかびがついている?

これは灰色かび病という植物の病気です。

💡 **お手入れ** 感染した部分を取り除き、有機殺菌剤で処置します。詳しくはp.28-29「植物の病気」参照。

### 全体がしなだれている?

水が多すぎるか少なすぎるためです。

💡 **お手入れ** 水をやりすぎたと思ったら、鉢の土を乾燥させましょう。水やりは土が乾くまで間隔をあけて。水が少なすぎるようなら、水を与えましょう。

( 同じ育て方の植物 )

**グロキシニア**
*Sinningia speciosa*

ストレプトカーパスと同じように世話をします。明るい部屋に鉢を置き、風が当たらないようにしましょう。翌年も花を咲かせてくれます。そのためには、黄色くなった茎や葉は枯れてしまうまで取り除くのを待ち、水やりを控えます。春に植え替えて水やりを通常通りにしましょう。でも、その年の花が終わると処分されてしまうことが多いです。

**ストレプトカーパス**
[高さと幅]
30cm以下
[幅]
45cm以下

### 葉は大きいのにほとんど花が咲かない?

肥料のやり方がよくないか、日当たりが足りないためです。

💡 **お手入れ** 春夏は正しい肥料を2週間に1回与えるようにしましょう。あまり日当たりのよくない場所に置いているなら、もっと明るい、ただし直射日光の当たらない場所に移します。

# エアプランツ

〖 *Tillandsia* 〗

野生では、この面白い植物は他の植物に着生して育ちます。
家庭では土を使わず、ガラス玉に入れたり
流木に付着させたりして育ててみては。

## 枯らさない育て方

**場所**
エアプランツは高湿を好むので、明るいキッチンやバスルームがいいでしょう。寒すぎたり(10℃以下にしないこと)、風に当てたりしないように。特に水やり後の湿気がある時は風を避けましょう。

**日当たり**
直射日光が当たらない明るい場所がいいでしょう。明るい窓際は夏には日焼けし、冬には寒くなりすぎるため、避けて下さい。

**水やり・施肥**
容器ごと水に浸けてから排水させる方法で水をやります(p.18-19「水やり」参照)。容器を30分ほど水に浸けるか、下から水を吸わせるなら2時間待ちます。夏や暖房の季節は週に1度水やりを。1〜2日汲み置きした水を使います。週に数回、たっぷりと霧吹きで水をかけてやってもいいでしょう。月に1度、通常の4分の1に希釈した肥料を水に加えて下さい。この施肥は通年です。

**育て方**
水をやったら植物全体を軽く振り、4時間ほど上下逆さまにして乾かしてから、元の位置に戻します。

### 花が咲かない?

エアプランツは花をつけるほど成熟するまでに何年もかかります。

💡 **お手入れ** 何もしないこと! 花が咲く前に赤くなることがあります。花が咲いたら根元に子株ができ、親株は枯れます。

### 軟らかい茶色い部分がある、または株が割れる?

葉の間に水が溜まると、腐ることがあります。

💡 **お手入れ** 残念ながら手遅れです。次に育てる時は、水をやったら軽く全体を振って水切りし、上下逆さまにして排水させましょう。

### 葉の先が丸まる、または先がかさかさになる?

水不足です。

💡 **お手入れ** 水やりと霧吹きをもう少し定期的にしましょう。

チランジア・
メラノクラテル・
トリコロール
[高さと幅]
30cm以下

チランジア・
テクトルム
[高さと幅]
30cm以下

チランジア・
ジュンセア
[高さと幅]
30cm以下

キノエアナナス
[高さと幅]
30cm以下

**葉が落ちる?**
植物の外側の葉が落ちるのは正常です。もしたくさんの葉が落ちるなら、何か環境が合っていないサインです。

💡 お手入れ 外側の葉ならそっと引き抜きましょう。日当たり、湿度、温度が合っているかチェックして下さい(左ページを参照)。

# トラディスカンティア

〖 *Tradescantia zebrina* 〗

このおおらかな多色の葉の植物は、
非常に世話が簡単で、
ハンギング・プランターに最適です。

## 枯らさない育て方

 **場所**
室温12〜24℃の部屋に置きましょう。

 **日当たり**
明るいけれども直射日光の当たらない場所に。多少の直射日光なら大丈夫です。

 **水やり・施肥**
鉢の土の表面2〜3cmが乾いたら、たっぷり水をやります。ただし土を水浸しにはしないこと。春夏は月に1度肥料を与えます。

 **育て方**
平たい緑の横枝が出たら、全部取り除いてしまいましょう。これは多色の葉より強く、見た目もよくないからです。

### 葉が単色になった?
日当たりが足りません。

💡 **お手入れ** 単色になった葉を取り除き、鉢をもっと明るい場所に移しましょう。

### 茎がぐにゃっとしている?
茎は自然に匍匐しますが、あまりぐにゃっとしているなら水不足でしょう。逆に、水のやり過ぎで根腐れした恐れも。

💡 **お手入れ** 水やりは鉢の土の表面2〜3cmが乾くまで間隔をあけるようにしましょう。根腐れがないかチェックして下さい(p.28-29「植物の病気」参照)。

**虫に注意!** (p.24-27参照) 葉にアブラムシとハダニがつきやすい。

（ 同じ育て方 ）の植物

**コレウス**
*Solenostemon*
コレウスは鮮やかな葉をつけ、育てるのが簡単で、世話のしかたはトラディスカンディアと同じです。伸びすぎたら茎を切り戻しましょう。

トラディスカンティア
[高さ]
15cm以下
[幅]
20cm以下

### 葉の先が茶色い？
空気が乾燥しすぎているか、水不足でしょう。

💡 お手入れ　3〜4日に1度、葉に霧吹きで水をかけましょう。十分水が足りているかチェックして下さい。

### ひょろっと伸びた、または下の方の葉が落ちる？
これは日当たりが足りないか、水が足りないか、肥料が足りないためかも知れません。しかし、何年か経ったためという方が当たっていそうです。この植物は年を取ると徒長し、下の葉を落とすのです。

💡 お手入れ　世話のしかたを見直しましょう（左ページ参照）。古くなって盛りを過ぎたようなら、茎を切り戻して新しい土に植え替えてみましょう。

# ユッカ

〚 *Yucca elephantipes* 〛

尖った葉と幹のような茎を持ち、
おうちにトロピカルな味わいを加えます。

全体図

> **虫に注意!**
> (p.24-27参照)
> 葉に**カイガラムシ**と
> **コナカイガラムシ**が
> つきやすい。

## 枯らさない育て方

### ✓ 場所
室温7〜24℃、これ以下はいけません。ユッカは神経質ではないので、気温の上下に耐え、乾燥も気にしません。ただし、葉の先端が尖っているので、子どもが近寄らないようにしましょう。

### ☀ 日当たり
明るい場所に置きましょう。多少なら直射日光が当たっても構いません。直射日光に当てるなら、徐々に慣らしましょう。

### 💧 水やり・施肥
春から秋は、鉢の土の表面5cmが乾いたら、少し水をやりましょう。冬はもっと減らします。春夏は2ヶ月に1度肥料を与えます。

### 🪴 育て方
湿らせた清潔な布で時々葉を拭き、つやを保ってほこりがないようにしましょう。

---

### 葉が曲がる?
水が多すぎるか少なすぎる、あるいは移動させた、植え替えたなど何らかのショックがあったためでしょう。

💡 **お手入れ** 鉢の土の表面5cmが乾くまで水やりの間隔をあけているか、チェックしましょう。冬にはもっと水を減らします。鉢を動かす必要がある場合は、新しい場所まで1週間かけて徐々に動かし、慣らすようにしましょう。

### 葉に茶色や黒の点々がある?
これは炭疽病、または黒星病かもしれません。

💡 **お手入れ** 感染した葉はすべて取り除き、殺菌剤で処置します。詳しくはp.28-29「植物の病気」参照。

← 黒い点々

### 葉が黄色くなる?

下の方の葉でたまに起こるだけなら正常です。全体に起きているなら、おそらく水が多すぎるか少なすぎるのでしょう。

💡 **お手入れ** 黄色くなった葉は引き抜くか切り取ります。必要なら水のやり方を見直しましょう(左ページ参照)。

### 葉の先端が茶色い?

これは水やりが不規則だからでしょう。

💡 **お手入れ** もう少しこまめに水をやりましょう。鉢の土の表面5㎝が乾いたら水やりを。

### 茎が腐る?

皮が剥けて根元の茎が腐っていたら、水のやり過ぎです。特に冬に置きやすいです。

💡 **お手入れ** 水やりを控え、冷たく水浸しの土にならないようにします。もし問題が広がりすぎてしまっていたら、手遅れも知れません。

**ユッカ**
[高さ] 2.5m以下
[幅] 1m以下

## ( 同じ育て方 ) の植物

**コルジリネ・ターミナリス**
*Cordyline fruticosa*

鮮やかなピンク、濃い緑、紫、薄い緑、赤、黄色、白などのストライプが入ります。最低気温はユッカより少し高い方がよく(10℃)、半日陰でも耐えられます。

**トックリラン**
*Beaucarnea recurvata*

幹に水を貯められるので、水をやりすぎないよう注意しましょう。

# ザミア

〚 *Zamioculcas zamiifolia* 〛

印象的な直立する植物で、
育てやすく、水が足りなくても
あまり気にしません。

---

### 枯らさない育て方

**場所**
1年を通して室温15〜24℃の暖かい部屋に置きましょう。乾燥には耐えてくれます。

**日当たり**
葉の多い植物なので、直射日光ではないたっぷりの日当たりのある場所に置きましょう。でも、少し日当たりが悪くても大丈夫。

**水やり・施肥**
鉢の土が湿る程度に水やりを。1年を通して、鉢の土の表面5cmが乾くまで水やりの間隔をあけます。土を水浸しにしないこと。春から夏の終わりまで、月に1度肥料を与えましょう。

**育て方**
湿らせた清潔な布で時々葉を拭き、艶を保って、光が十分届くようにしましょう。

**虫に注意!** 葉に**カイガラムシ**と**コナカイガ**
（p.24-27参照） **ラムシ**と**ハダニ**がつきやすい。

---

### 葉が黄色くなる?

水のやりすぎか、土が水を含みすぎています。これは根腐れを起こす恐れも。

💡 **お手入れ** 鉢の土を乾燥させましょう。植物があまり弱っていたら、根腐れしていないか確認を。根腐れしていたら、腐った部分を取り除いて植え替えます。詳しくはp.28-29「植物の病気」参照。

### 葉が落ちる、または茎が折れる?

多分日陰から明るい場所に動かしたため、ショックを受けたのでしょう。あるいは根が乾燥しすぎか、逆に湿りすぎかもしれません。

💡 **お手入れ** 鉢を動かすなら、新しい場所に徐々に動かして慣れさせて下さい。土が乾燥しすぎ、または濡れすぎていないかチェックして、水のやり方を調節しましょう。

> **葉が茶色く変色した?**
> 日焼けです。
> 💡 **お手入れ** 直射日光の当たらない場所に移しましょう。

茶色く変色した葉

[高さ]
1m以下
[幅]
60cm以下

ザミア

## 同じ育て方の植物

**ソテツ**
*Cycas revoluta*
古代の植物で、恐竜の時代から生き延びてきました。ザミアと同じように世話をします。

**パキラ**（和名 **カイエンナッツ**）
*Pachira aquatica*
三つ編み仕立てで販売されることが多いです。ザミアと同じように世話をします。

# INDEX

## 学名索引

| | | |
|---|---|---|
| *Adiantum raddianum* | 86, 105 | |
| *Aechmea fasciata* | 32-32 | |
| *Aeonium* | 73 | |
| *Aeschynanthus pulcher* | 34-35 | |
| *Agave* | 39 | |
| *Aglaonema* | 125 | |
| *Alocasia x amazonica* | 36-37 | |
| *Aloe vera* | 38-39, 67 | |
| *Anthurium* | 40-41 | |
| *Aphelandra squarrosa* | 121 | |
| *Asparagus densiflorus* | | |
|   'Myersii' | 42-43 | |
|   Sprengeri Group | 43 | |
|   *A. setaceus* | 43 | |
| *Aspidistra eliator* | 107, 125 | |
| *Asplenium nidus* | 93, 106 | |
| *Astrophytum ornatum* | 99 | |
| *Aucuba japonica* | 81 | |
| *Beaucarnea recurvata* | 137 | |
| *Begonia maculata* | 44-45 | |
|   *B.* Eliator Group | 45 | |
|   *B. rex* | 45 | |
| *Billbergia nutans* | 48-49 | |
| *Calathea* | 50-51 | |
| *Caryota mitis* | 119 | |
| *Ceropegia woodii* | 57 | |
| *Chamaedorea elegans* | 85 | |
| *Chlorophytum comosum* 'Bonnie' | 52-53 | |
| *Cissus rhombifolia* | 53 | |
| *Clivia miniata* | 54-55 | |
| *Codiaeum variegatum* | 59 | |
| *Cordyline fruticosa* | 137 | |
| *Crassula ovata* | 56-57, 66 | |
| *Ctenanthe burle-marxii* | 58-59 | |
| *Cyclamen persicum* | 60-61 | |
| *Cycas revoluta* | 139 | |
| *Dieffenbachia seguine* | 62-63 | |
| *Dionaea muscipula* | 64-65, 67 | |
| *Disocactus anguliger* | 33 | |
| *Dracaena fragrans* | 68-69 | |
|   *D. marginata* | 47, 69 | |
|   *D. reflexa* | 69 | |
|   *D. sanderiana* | 46, 70-71 | |
| *Dypsis lutescens* | 85 | |
| *Echeveria* | 66, 72-73 | |
| *Epipremnum* | 53 | |
| *Euphorbia pulcherrima* | 74-75 | |
|   *E. trigona* | 117 | |
| *Fatsia japonica* | 81, 107 | |
| *Faucaria* | 73 | |
| *Ficus lyrata* | 76-77, 126 | |
|   *F. benjamina* | 77 | |
|   *F. elastica* | 77 | |
| *Fittonia* | 78-79, 86 | |
| *Guzumania lingulata* | 33 | |
| *Gynura aurantiaca* | 79, 87 | |
| *Haworthia* | 39 | |
| *Hedera helix* | 80-81 | |
| *Hippeastrum* | 82-83 | |
| *Howea fosteriana* | 84-85, 127 | |

| | | |
|---|---|---|
| *Hoya bella* | 89 | |
|   *H. carnosa* | 87, 88-89 | |
| *Hypoestes* | 79 | |
| *Kalanchoe blossfeldiana* | 90-91 | |
|   *K.* Calandiva-Series | 91 | |
| *Maranta* | 51 | |
| *Microsorum musifolium* | 92-93 | |
| *Mimosa pudica* | 94-95 | |
| *Monstera deliciosa* | 96-97, 127 | |
|   *M. adansonii* | 97 | |
| *Neoregelia carolinae* | | |
|   f. *tricolor* | 46, 49 | |
| *Nepenthes* | 65 | |
| *Nephrolepis exaltata* | 87, 93 | |
| *Opuntia microdasys* | 66, 98-99 | |
| *Oxalis triangularis* | 63 | |
| *Pachira aquatica* | 139 | |
| *Peperomia argyreia* | 47, 100-101 | |
|   *P. polybotrya* | 101 | |
|   *P. rotundifolia* | 101 | |
| *Phalaenopsis* | 102-103 | |
| *Philodendron* | | |
|   *P. erubescens* | 109 | |
|   *P.* 'Imperial Red' | 108-109 | |
|   *P. scandens* | 107, 109 | |
| *Phlebodium aureum* | 104-105 | |
| *Phoenix roebelenii* | 119 | |
| *Pilea peperomioides* | 110-111 | |
|   *P. cadierei* | 111 | |
|   *P. involucrata* 'Moon Valley' | 111 | |
| *Platycerium* | | |
|   *P. bifurcatum* | 112-113 | |
|   *P. grande* | 113 | |
| *Pteris cretica* | 105 | |
| *Rebutia* | 99 | |
| *Rhipsalis baccifera* | 123 | |
| *Rhododendron simsii* | 61 | |
| *Saintpaulia* | 114-115 | |
| *Sansevieria trifasciata* | 116-117, 126 | |
|   *S. cylindrica* | 47, 117 | |
| *Saribus rotundifolius* | 118-119 | |
| *Sarracenia* | 65 | |
| *Schefflerfa arboricola* | 120-121 | |
| *Schlumbergera buckleyi* | 122-123 | |
|   *S. gaetneri* | 123 | |
| *Senecio rowleyanus* | 57 | |
| *Sinningia speciosa* | 131 | |
| *Solenostemon* | 135 | |
| *Spathiphyllum* | 106, 124-125 | |
| *Strelitzia reginae* | 128-129 | |
| *Streptocarpus* | 130-131 | |
| *Stromanthe* | 51 | |
| *Syngonium podophyllum* | 63 | |
| *Thaumatophyllum xanadu* | 97 | |
| *Tillandsia* | 132-133 | |
|   *T. cyanea* | 49 | |
| *Tradescantia zebrina* | 134-135 | |
| *Vriesea splendens* | 33 | |
| *Yucca elephantipes* | 136-137 | |
| *Zamioculcas zamiifolia* | 127, 138-139 | |

和名索引

**ア**

| | |
|---|---|
| アイビー | |
| 　アイビー | 80-81 |
| 　グレープアイビー | 53 |
| アエオニウム | 73 |
| アオキ | 81 |
| アガベ(リュウゼツラン) | 39 |
| アグラオネマ | 125 |
| アザレア | 61 |
| アジアンタム | 86, 105 |
| アスパラガス・メイリー | 42-43 |
| アスパラガス・スプレンゲリ | 43 |
| アスパラガス・プルモーサス | 43 |
| アスプレニウム(タニワタリ) | 93, 106 |
| アフェランドラ | 121 |
| アマリリス | 82-83 |
| アルミニウムプランツ | 111 |
| アレカヤシ | 85 |
| アロエベラ | 38-39, 67 |
| アロカシア | 36-37 |
| アンスリウム(ベニウチワ) | 40-41 |
| イースターカクタス | 123 |
| イチジク属 | |
| 　カシワバゴムノキ | 76-77, 126 |
| 　ベンジャミン | 77 |
| インドゴムノキ | 77 |
| ウチワサボテン | 66, 98-99 |
| ウツボカズラ | 65 |
| エアプランツ | 132-133 |
| エケベリア | 66, 72-73 |
| エスキナンサス | 34-35 |
| オオバノイノモトソウ | 105 |
| オキザリス | 63 |
| オキシカルシウム | 107 |
| オジギソウ | 94-95 |
| オリヅルラン | 52-53 |

**カ**

| | |
|---|---|
| カシワバゴムノキ | 76-77, 126 |
| カラテア・マコヤナ | 50-51 |
| カランコエ | 90-91 |
| ギヌラ | 79, 87 |
| ギンヨウセンネンボク | |
| 　(ラッキーバンブー) | 46, 70-71 |
| クジャクヤシ | 119 |
| グズマニア | 33 |
| クッカバラ | 97 |

| | |
|---|---|
| クテナンテ・ | |
| 　ブルレーマルクシー | 58-59 |
| クラッスラ(金のなる木) | 56-57, 66 |
| グリーンネックレス | |
| 　(ミドリノスズ) | 57 |
| クリスマスカクタス | 122-123 |
| グレープアイビー | 53 |
| グロキシニア | 131 |
| クロコダイルファーン | 92-93 |
| クロトンノキ | 59 |
| クンシラン | 54-55 |
| ケンチャヤシ | 84-85, 127 |
| ゴクラクチョウカ | 128-129 |
| コルジリネ・ターミナリス | 137 |
| コレウス | 135 |

**サ**

| | |
|---|---|
| サボテン | |
| 　イースターカクタス | 123 |
| 　クリスマスカクタス | 122-123 |
| 　玉サボテン | 99 |
| 　フィッシュボーンカクタス | 35 |
| 　リプサリス | 123 |
| 　レブチア | 99 |
| ザミア | 127, 138-139 |
| サラセニア | 65 |
| サンセベリア(トラノオ) | 116-117, 126 |
| サンセベリア・キリンドリカ | 117 |
| シクラメン | 60-61 |
| シダ | |
| 　アジアンタム | 86, 105 |
| 　アスプレニウム(タニワタリ) | 93, 106 |
| 　シダ・ブルースター | 104-105 |
| 　タマシダ(ボストンファーン) | 87, 93 |
| 　クロコダイルファーン | 92-93 |
| 　ビカクシダ(コウモリラン) | 112-113 |
| シマサンゴアナナス | 32-33 |
| シンゴニウム | 63 |
| ストレプトカーパス | 130-131 |
| ストロマンテ・サンギネア | 51 |
| スパティフィラム | 106, 124-125 |
| セントポーリア | 114-115 |
| ソテツ | 139 |

**タ**

| | |
|---|---|
| 玉サボテン | 99 |
| タマシダ(ボストンファーン) | 87, 93 |

## INDEX

**タ**

チランジア（エアプランツ）
　キノエアナナス　133
　チランジア・キアネア
　　（ハナアナナス）　49, 65
　チランジア・ジュンセア　133
　チランジア・テクトルム　133
　チランジア・メラノクラテル・
　　トリコロール　133
ディフェンバキア　62-63
テーブルヤシ　85
トックリラン　137
ドラセナ
　ギンヨウセンネンボク
　　（ラッキーバンブー）　70-71
　ドラセナ・コンシンネ　47, 69
　ドラセナ・レフレクサ　69
　ニオイセンネンボク
　　（幸福の木）　68-69
トラディスカンティア　134-135
トラフアナナス　33

**ナ**

ネオレゲリア　46, 49
ニオイセンネンボク（幸福の木）68-69

**ハ**

ハエトリグサ　64-65, 67
ハオルチア　39
パキラ（カイエンナッツ）　139
ハートカズラ　57
ハラン　107, 125
ビカクシダ（コウモリラン）　112-113
　ビカクシダグランデ　113
ヒポエステス　79
ビルベルギア・ヌタンス
　（ヨウラクツツアナナス）　48-49
ピレア・ペペロミオイデス　110-111
ピレア・ムーンバレー　111
ビロウヤシ　118-119
ファレノプシス（コチョウラン）　102-103
フィッシュボーンカクタス　35
フィットニア　78-79, 86
フィロデンドロン　108-109
　フィロデンドロン・
　　エルベセンス　109
　オキシカルジウム　109
　モンステラ　96-97, 127

クッカバラ　97
フェニックス・ロベレニー　119
フォーカリア　73
ベゴニア
　エラチオールベゴニア　45
　レックスベゴニア　45
　ベゴニア・マクラータ　44-45
ペペロミア・アルギレイア　47, 100-101
ペペロミア・ジェイド　101
ペペロミア・ロツンディフォリア　101
ベンジャミン　77
ポインセチア　74-75
ポトス（オウゴンカズラ）　53
ホヤ（サクララン）　87, 88-89
ホヤ・ベラ　89

**マ**

マドカズラ　97
マランタ　51
モンステラ　96-97, 127

**ヤ**

ヤシ
　アレカヤシ　85
　クジャクヤシ　119
　ビロウヤシ　118-119
　ケンチャヤシ　84-85, 127
　テーブルヤシ　85
　トックリラン　137
　フェニックス・ロベレニー　119
ヤツデ　81, 107
ユーフォルビア・トリゴナ　47, 11
ユッカ　136-137

**ラ**

リプサリス　123
レックスベゴニア　45
レブチア　99

**ワ**

矮性カポック　120-121

## 著者紹介

### Veronica Peerless（ヴェロニカ・ピアレス）

熟練の園芸家・ガーデンデザイナーで、執筆・編集にも経験豊富。これまでgardenersworld.comのコンテント・プロデューサーや『Which? Gardening』副編集長を務め、現在は『Gardens Illustrated』のコンテント・エディターを任されている。『The English Garden』、『Garden Design Journal』、『Telegraph Gardening』などにも多数寄稿。DK社発行の『The Gardener's Year』園芸コンサルタント。

## 監修者紹介

### 深町貴子（ふかまち・たかこ）

園芸家。有限会社タカ・グリーン・フィールズ専務取締役。公益財団法人日本家庭園芸普及協会理事。園芸講座の企画や造園設計など幅広く活躍する傍ら、「趣味の園芸やさいの時間」（NHK Eテレ）講師のほか、数多くのメディアで活躍中。植物を育てる楽しさや喜び、生態系のしくみや不思議を独自の視点で語り、全国各地で園芸の楽しさを広めている。

# 謝辞

**著者より:** クリスチャン・キングに心から感謝を。本書執筆中のサポートと無尽蔵に入れてくれたお茶を本当にありがとうございました。

**出版社より:** DKは以下の植物の写真掲載を許可して下さったhouseofplants.co.ukに感謝します。
サンセベリア・キリンドリカ、フィロデンドロン・エルベセンス、アレカヤシ、クロトンノキ、イースターカクタス、カシワバゴムノキ、グズマニア、ケンチャヤシ、ギンヨウセンネンボク（ラッキーバンブー）、リプサリス、テーブルヤシ、サンセベリア（トラノオ）、ドラセナ・レフレクサ、ザミア、および最終的に本書に掲載しなかった植物の写真。カランコエの写真はKatherine Scheele Photographyによるものです。併せて感謝します。

**写真クレジット:** 出版社は以下の著作権者が写真複製を許可して下さったことに感謝します。
**p.44-45中** Dreamstime.com: Andreadonetti, **p.53左** Dreamstime.com: Slyadnyev Oleksandr
**p.100-101中** Dreamstime.com: Olga Miltsova, **pp.118-119中** Shutterstock.com: AHatmaker
その他写真すべて: © Dorling Kindersley

詳しくは以下サイトをご覧下さい。
www.dkimages.com

---

### 毒性警告

www.rhs.org.uk
www.aspca.org

一部の観葉植物は人間とペットに毒性があり、口にしたり皮膚・目に触れたりすると健康被害を起こす場合があります。有毒植物の種類について詳しくは左記（英語）、または以下をご覧下さい。

（人間）https://www.mhlw.go.jp/content/000925854.pdf
（ペット）https://www.env.go.jp/nature/dobutsu/aigo/2_
　　data/pamph/h2711a/pdf/12.pdf

### DK LONDON

**Editorial Assistant** Charlotte Beauchamp
**Senior Editor** Alastair Laing
**US Editor** Kayla Dugger
**Jacket Coordinator** Abi Gain
**Production Editor** Tony Phipps
**Production Controller** Rebecca Parton
**Editorial Manager** Ruth O'Rourke
**Art Director** Maxine Pedliham
**Publishing Director** Katie Cowan

### DK DELHI

**Editor** Ankita Gupta
**Managing Editor** Saloni Singh
**Managing Art Editor** Neha Ahuja Chowdhry
**DTP Designers** Manish Upreti, Rajdeep Singh, Nityanand Kumar
**DTP Coordinator** Pushpak Tyagi
**Pre-production Manager** Balwant Singh
**Production Manager** Pankaj Sharma
**Creative Head** Malavika Talukder
**Illustrations** Debbie Maizels
**Photography** Will Heap
**Additional Text** Alice McKeever

Original Title: How Not to Kill Your Houseplant
Copyright © 2017, 2023 Dorling Kindersley Limited
A Penguin Random House Company

Japanese translation rights arranged with
Dorling Kindersley Limited, London
through Fortuna Co., Ltd. Tokyo.

For sale in Japanese territory only.

---

## 観葉植物を枯らさないための本

2024年11月25日　初版第1刷発行

| | |
|---|---|
| 著者 | ヴェロニカ・ピアレス（© Veronica Peerless） |
| 発行者 | 津田 淳子 |
| 発行所 | 株式会社 グラフィック社 |
| | 〒102-0073 |
| | 東京都千代田区九段北1-14-17 |
| | Phone：03-3263-4318 |
| | Fax：03-3263-5297 |
| | https://www.graphicsha.co.jp |

制作スタッフ
| | |
|---|---|
| 監修 | 深町貴子 |
| 翻訳 | 堀口容子 |
| 組版・カバーデザイン | 濵田真二郎 |
| 編集 | 金杉沙織 |
| 制作・進行 | 南條涼子（グラフィック社） |

◎乱丁・落丁はお取り替えいたします。
◎本書掲載の図版・文章の無断掲載・借用・複写を禁じます。
◎本書のコピー、スキャン、デジタル化等の無断複製は著作権法上の例外を除き禁じられています。
◎本書を代行業者等の第三者に依頼してスキャンやデジタル化することは、たとえ個人や家庭内であっても、著作権法上認められておりません。

ISBN 978-4-7661-3910-5　C2076
Printed in China